蒙台梭利的教育

〔意〕玛丽亚·蒙台梭利

著

尹丽华

编译

四川人民出版社

图书在版编目（CIP）数据

蒙台梭利的教育／（意）玛丽亚·蒙台梭利著；尹丽华编译.一成都：四川人民出版社，2022.1
ISBN 978－7－220－12269－9

Ⅰ.①蒙… Ⅱ.①玛… ②尹… Ⅲ.①儿童教育－家庭教育 Ⅳ.①G78

中国版本图书馆 CIP 数据核字（2021）第 213432 号

MENGTAISUOLI DE JIAOYU

蒙台梭利的教育

（意）玛丽亚·蒙台梭利/著　尹丽华/编译

责任编辑	任学敏
技术设计	松 雪
封面设计	松 雪
责任印制	李 剑
出版发行	四川人民出版社（成都市三色路 238 号）
网　址	http://www.scpph.com
E－mail	scrmcbs@sina.com
新浪微博	@四川人民出版社
微信公众号	四川人民出版社
发行部业务电话	(028)86361653　86361656
防盗版举报电话	(028)86361661
印　刷	三河市众誉天成印务有限公司
成品尺寸	143mm×208mm
印　张	6
字　数	136 千
版　次	2022 年 1 月第 1 版
印　次	2022 年 5 月第 1 次
书　号	ISBN 978－7－220－12269－9
定　价	36.00 元

　　《蒙台梭利的教育》是 20 世纪西方最卓越的儿童启蒙教材。它提供了风靡世界的经典幼儿教育方案，由意大利第一位女医学博士、第一所"儿童之家"的创办者玛丽亚·蒙台梭利撰写。玛丽亚·蒙台梭利，1870 年出生于意大利安利那省的希亚拉瓦莱小镇，大学毕业后从事特殊儿童教育，而后又致力于正常儿童的教育。她在实验、观察和研究基础上撰写的《蒙台梭利早期教育法》《童年的秘密》等著作先后被译成 37 种文字，畅销全球。蒙台梭利认为，有些儿童之所以不能正常地发育和成长，主要是因为受到了成年人的压抑，一切都是强制性的，家长从来没有真正地给予孩子尊重。为此，蒙台梭利一直致力于打破已有的教育传统，寻求了解孩子和爱孩子的新方法。在本书中，蒙台梭利详细而生动地描绘了儿童的生理和心理特征。她强调教育者必须信任儿童内在的、潜在的力量，为儿童提供一个适当的环境，激发和促进儿童"内在潜力"的发挥，使其按自身规律获得自然的和自由的发展。

　　父母爱其子，则为之计深远。如何培养子女，其中大有学问。如果只注重孩子的才能，他有可能会变成一个身体羸弱或是没有是非观念的愚人；如果只注重孩子的身体，他有可能会成为一个无知、粗鲁的人；如果只注重孩子的品质，他又有可能会成为一个只有想法而无法付诸实际的废人。那些艺术家、大文豪和大科学家的产生，都离不开合理的早期教育。本书既是一部包含教育大师经典教育理念的智慧盛筵，又是一本通俗易懂、极具操作性的实用教子手册。本书从对孩子的身体养育到与孩子的心灵沟通，再到对孩子品德的培养，内容涵盖了儿童教育的方方面面，希望能够给所有爱子心切的家长们以切实的帮助。相信很多家长看完，都会感到醍醐灌顶，有必要来重新对自己的教子方略做一考量和调整。

阅读本书的过程也是一个自我反省的过程。书中提出了不少教育的具体方法，但并不是唯一的"标准答案"，因为每个孩子都有其独特的个性，家长们完全可以在领悟书中精髓的基础上，根据实际情况加以灵活运用。

2021 年 11 月

目录
contents

第一章

婴儿的成长发育

如果说人生是一个漫长的旅程，婴儿期就是人生中最重要的一个起点，婴儿不仅仅是一个活生生的肉体，也是带着"心理胚胎"降临在这个世界上的。

孩子的双手与大脑

————

许多心理学家认为，儿童的正常发展可以分三步走，其中有两大步跟运动有直接的关系，这就是开始走路和讲话这两种活动。因此，科学家以"星云图"来命名孩子这两项活动，并以此预测孩子的将来。这两项非常复杂的运动展现出孩子在获得运动能力和表达方法上有了一个重大的突破。假如按照语言和思维的一致表现来看，语言才是人类独有的特征，行走就不能算，因为这是任何动物都有的功能，不足为奇。动物之所以区别于植物，就是他们能够自由地到处行走。这种运动往往借助于一种特殊的器官来完成，行走也是人类的一个基本特征。然而即便人类有着巨大的运动能力，甚至可以环绕整个地球，也不可以将这一智慧归结为人类独有。

我们都知道，手是专门为人类的智慧所服务的，它的运动则完全不同。比如，人们早期的时候将打磨过的石器当作工具来使用，这就表明最早的人类出现了。能够制造和使用工具，标志着有机体在生物发展的历程中进入了一个里程碑的阶段。人类通过手的劳动，把语言也刻画在了石块上面，这个时候，语言便成了记载人类历史的一个载体。双手的解放，使得人类的手不再是一种行走的工具，而成为智慧的象征。它使得手开始服务于智慧，因此人类也在动物界中占有了一个足够高的地位，还可以通过运动把人类的这个有机的整体完全展现出来。

人的手非常精细复杂，这是完全不同于其他动物的。它不仅显示了智慧，并且使人与环境产生了非常特殊的联系。我们可以这样理解，人是靠双手开拓了环境，并且在理智的指导下，完成了改造世界的使命。

因此我们应当通过对儿童语言和手的运用，来了解儿童心理发展的水平，考虑他们的心理活动。我们对于语言的研究，通过研究手在人类劳动中的功能来进行，完全是合乎逻辑的。

人的潜意识可以重视心理的这两种外在的表现。言语和手的重要性表现出来，这正是人类独有的特征。这里主要讲的是与成人社会生活相关的某些形式。比如，一个男人和一个女人结婚的时候，携手走进了婚姻的殿堂，并且手挽着手一起"海誓山盟"；当男人订婚时，他也会拉着女人的手问女人是否愿意与他结婚。不但如此，手在许多宗教的仪式中也被广泛地运用，这其实是在表现一种强烈的自我意识。不愿意为耶稣的死负责的彼拉多，要在公共场合洗手，这种洗手既是象征性的也是真实的。在做一些最严肃的弥撒的时候，神父也会在祭坛上说："我将在无罪的臣民中洗手。"事实上他讲话时，并没有用水洗手指，因为他早已经在上祭台之前就把手洗干净了。

这些案例还有很多，无一例外地表明了手在人们的潜意识中已经成了"自我"的一种表达方式。如果这是事实的话，我们可以认识到手在儿童发展中的重要性和神圣感。我们也应该对儿童第一次向外界招手充满期待，因为这是儿童智慧的一种表现形式。它是儿童进入这个世界的一种宣告仪式，成人应该对这一动作由衷地赞美。不过好多成年人并不知道这些动作的含义，以致愚蠢地限制孩子把手伸出去，他们不希望孩子伸手去碰触那些在我看来毫无意义和价值的东西。比如一些家长为了保护一个花瓶，甚至千方百计地将它藏起来，生怕孩子将他的破玩意儿打碎。成人往往训斥孩子："不要碰！"就像他总是说："不要动，老实待着！"这其实体现了成人潜意识之中的焦虑，并就此筑成了一道坚固的防线，还请求别人来帮他们完成这种愚蠢的举动。他们对待孩子这种举动就像是如临大敌，好像有一伙强盗要来了。

他们也许还不明白，儿童最初的心理发展需要在环境中获得一些东西，这些最好是能听到、能看到的。由于儿童的发展更多要依赖于运动和手的活动，并且要在一定的环境之中，所以我们应该尽量给孩子提供这些帮助，给予他们活动的对象。遗憾的是，在儿童的家里我们看不到这些，你会发现摆放的那些东西都是属于成人的。这些东西像是什么宝藏一样，儿童被告知"不许碰"，孩子们也摸不得，只能眼睁睁地看。一旦碰到了这些东西，轻则被责骂，重则遭到体罚。小孩子如果成功地抓到一件东西，就像是捡到一块骨头的小狗一样，只能躲在角落里暗自把玩，拼命地从没有营养的东西里面汲取营养，十分可怜。

儿童的运动显然不是偶尔为之，他们在自己的指导之下，逐步建立起了协调性、组织性和目的性。在经历了无数次的协调试验之后，他们才能用内在精神把他们的表达器官跟组织协调起来。儿童需要自己做主，独立去完成某些事情。在他们独立地塑造自我的过程中，运动是一个专门的活动，绝不是一时冲动的结果。儿童的活动看起来是那么杂乱无章，乱跑、乱跳、扔玩具，屋子被弄得一团糟。事实上他们是从他人的活动中得到启示，从而进行建设性的活动。他们很难像成人那样去做事情，模仿成人用的物体或工具去做事。所以，家庭和社会环境对儿童的发展有着极其重要的影响。儿童会尝试去扫地、洗碗、洗衣服、倒垃圾、洗澡、梳头、穿衣服等。这种天性可以称为"模仿"，但这又不同于猴子的那种模仿行为。儿童的这些行为源自一种有智慧的心理模式的建立。认识先于行动，行动受心理活动的支配。当儿童决定去做什么的时候，首先想要弄明白这是什么，他也渴望去做其他人在做的事情。儿童的语言发展也被我们发现有相同的情况，尤其是他们在听周围人谈话的时候，逐渐便获得了这种语言能力。他的记忆力会帮助他把那些词汇记住，再根据需要把这些词汇说出来。这种模仿与简单的"鹦鹉学舌"有着本质的区别。因此，我们应该清楚地认识到儿童的这些特性，更好地深入理解儿童的活动。

智力水平的发展

———————

　　有些心理学家认为，儿童的智力是在外在条件的催化下慢慢发展起来的，事实上并非如此。而这种谬论似乎已经根深蒂固，一时间无法消除。他们认为外部事物的影响是通过闯入我们感官的大门来实现的，然后这些体验在心灵里面生根发芽，逐渐与身体融合发挥作用，进而形成了智力。那么我们首先假设儿童在心理上只能是被动地反应，听凭环境的影响，并以此推论出儿童的智商是完全由成人左右的。另一个观点也差不多，就是说儿童不仅在智力上被动反应，而且就像是一个空瓶子，可以随时被填满。

　　我们不去争论，但经验告诉我们，环境在儿童发展中的影响是不容忽视的。大家都知道，我们的教育体系是完全重视儿童在环境中的影响，并把环境当成是教育体系的核心。与其他教育体系相比，我们更重视开发儿童的感知能力，但是我们的思想与他们不同。对于那些认为儿童只是被动的人的陈腐观念，我们持不同意见。我们更加注意儿童内在的敏感性。儿童其实有一个慢慢发展的敏感期，这个敏感期可以持续到 5 岁左右。儿童正处于一个积极观察周围环境的人生阶段，他们对周围事物的感知是靠感官吸取得到的，但是并非来者不拒、全盘吸收。一个真正的观察者往往有着内在的需要，是根据感觉和兴趣来行动的，是有选择性地去获取的。美国一位叫詹姆斯的心理学家谈道，还没有一个人可以真正感知物体的全貌，这也传递着另外一种信息，每个人都有其认识的局限性，只能窥探到物体的一部分，因此人在描述物体的时候，也只是根据兴趣和感觉来考虑。因此，对于同一个物体，人们的描述往往呈现出不同的结果。詹姆斯举例说："如果你穿着一套新衣服，并且感到非常满意的话，你出门的时候就会非常在意别人是否跟你穿着相同的款式。但是你在车来车往的公路上这样观察的话，就非常危险，极有可能命丧于车祸。"

也许有人会产生疑问，儿童既然可以吸收那么多经验，他们的选择标准是什么？从詹姆斯的例子里面可能无法找到答案，因为儿童不会受到外界因素的狭隘影响。儿童是从无到有，靠自己的力量不断前行的。这些就是儿童实实在在的理性，敏感期也是围绕着这个理性而展开的。但是这种获得理性的过程确实是自然的和充满创造性的，他依靠从环境中所获得的体验来获取力量，像每一个茁壮成长的小生命那样生机盎然。

儿童的理性是生命的源泉。他们往往把各种体验整理和集中起来，然后为理性服务，儿童用最初的体验来完善自己的理性。我们可以想象，儿童此时获得体验的需求是如饥似渴，是永远不能被满足的。儿童会被光线、声音和颜色等强烈地吸引，同时乐此不疲，这些我们大都知道。但是这里必须指出，儿童的这种理性的产生是自发运动的过程，是一种内部引发的现象。因此，儿童的心理状况值得我们认真去关注。从无到有去发展自己的理性，这是人特有的品质，儿童大概在蹒跚学步的过程中，就已经在沿着这条道路前进了。我想举个例子可能更具有说服力。曾经有一个只有4个星期左右的婴儿，之前他从来没有被带出过房间。有一天，家里的保姆抱着孩子在房间里面走动，这时婴儿看到了和他住在一起的父亲和叔叔。这两个人身材、相貌都差不多。婴儿看到他们时非常吃惊，他甚至警觉起来，表现得非常害怕。他的父亲和叔叔就找到了我们，让我们帮助婴儿消除这种恐惧感。我们就要求这两个人一直出现在婴儿的视线范围内，只不过一个在他的左边，一个在他的右边。这个婴儿马上仔细凝视一个人，看了一会儿婴儿笑了。可过了一会儿他的神情就变得十分忧虑起来。他马上扭过头去认真观察另外一个人，看了一小会儿，他也对另一个人呵呵地笑起来。他就这样一会儿看这个，一会儿去看那个，直到终于分辨出这是两个人，脸上才露出欣慰的笑容。可见，这两个人在婴儿看来曾经是一个人。他们在不同的场合和婴儿玩耍，曾经把他抱在怀中，深情地和他说话。这个婴儿显然是以为只有一个男人和自己家人住在一起，所以当出现两个男人的时候，他表现得异常警觉。在他周围环境中出现了一个男人之后，又见到了另外一个男人，这下子他明白自己犯了个错误。尽管他才刚刚出生4个星期左右，但他却让我实实在在地体验到人类理性的谬误和可笑。

很显然，如果这两个男人无法理解婴儿从出生起就有着自己的心理活动，那么他们就无法帮助婴儿。这样的帮助使得婴儿走出了最艰难的一步，并开始自己的思考，也获得了更多的体验。

这里还有一个更大一点的儿童的例子。有一个 7 个月大的儿童正在地板上玩一个绣花枕头，他竟然兴致勃勃地闻着绣在枕头上的那些花朵图案，还亲吻着那个绣在枕头上的儿童。不幸的是，一个没有受过儿童护理正确教育的保姆，天真地以为给孩子闻一下或者亲吻一下其他东西会让孩子更高兴。于是，她不顾一切地给孩子拿来一堆乱七八糟的东西，并不停地说："快闻一下这个！亲一下这个！"结果适得其反，儿童幼小的头脑被这突如其来的东西给打乱了。孩子正在形成自己的模式，他通过识别这些图像，然后将其储存在大脑中。他做这些事情的时候兴致极高，这对于他的理性构建工作很有益处。可当他试着获得一种内部秩序，进行这项神秘工作之时，却被一个无知的成年人给打乱了。

　　这种粗暴地打断儿童思路的做法，在我们日常生活中还很常见。但是这样做可能给儿童的内部工作造成严重的障碍。我们成人无法意识到这种神秘工作对于儿童的意义，就可能毁灭了儿童最初的心理成长过程。这就好比是海水冲上了沙滩，卷走了堆砌城堡的泥沙。由于成人的无知，儿童的基本欲望就有可能遭受到极大的遏制。重要的是，儿童应该得到他所能得到的清澈体验。因为只有这种深刻的体验，才能让儿童的智力逐步形成。

　　儿童营养学家通过实验发现，必须在儿童的饮食方面充分考虑个人因素。他发现儿童在达到一定年龄之前，还没有一种东西可以代替母乳的营养价值。因为一样东西，对这个孩子来说是好的，但是对另一个来说就未必。这位儿童营养学家所做的实验在 6 个月以下的儿童身上产生了极好的效果，但是对于 6 个月以上的就没有这种效果。这让人感到疑惑，因为孩子在这个阶段，人工喂养起来比早期要容易得多。有些贫穷的妇女无法给自己的孩子喂奶，便去询问这位专家如何给孩子喂奶，专家为这些贫困的母亲设置了门诊处。但是这些贫困妇女的孩子并不像在诊所里的儿童那样在 6 个月之后表现出营养失调。这个专家经过反复观察认为是孩子心理因素的作用。他开始注意到，诊所里的 6 个月以上的儿童，由于心理不健康而产生了厌倦情绪。他给儿童提供了不少娱乐和消遣的活动，不再让孩子们只在诊所里散步，而是带他们到一些新奇的地方去玩耍，结果孩子们的健康恢复了。

根据事实，我们得出这样的结论：1 岁以下的孩子能够在他们周围的环境中获得足够的深刻体验，而且能从一些图片中认出所熟悉的环境。但这种体验一旦获得，他们就再没有强烈的兴趣了。当第二年再看到一些漂亮的物体和颜色时，他们就不再欣喜若狂，也没有了那种好奇心理。我们注意到，那种激动就是敏感期内的一些特征，但是孩子们对于我们平时不注意的小东西却产生了极大的兴趣。可以说他们开始对那些不起眼的小东西产生兴趣了。

我首先在一个只有 15 个月大的小女孩身上找到了这种敏感性。我听到她在花园里放声大笑，这对这么一个小孩来讲太不寻常了。她自己走出去，坐在平台的砖头上，看起来完全沉醉于一种发现的愉悦中。附近有一个美丽的花坛，天竺葵在骄阳下看起来十分娇艳，但这个小女孩并没有看着花，而是把眼睛盯在地面上。但地面上没什么可看的东西，我看到了儿童的一种无法捉摸的奇特兴趣。我慢慢地走近她，仔细地看着这些砖头，却没有发现任何好玩的东西。但是这个小女孩却严肃地对我说："那里有一只会动的小东西。"她指给我看，我看到了一只跟砖头一样颜色、小得几乎看不出来的昆虫，它正在飞快地跑动着。原来，让这个小女孩开怀大笑的是一个小生物，它会动、会跑，她在欢乐的叫嚷声中满足了好奇心，叫声远远高过她平常的声音。这种欢乐并不是因为太阳，不是因为花朵，也不是因为鲜艳的色彩。

还有个类似的故事，这里也给大家说一下。同样是一个 15 个月大的男孩，给我留下了比较难忘的记忆。他正在玩着母亲的明信片，因为他的母亲是个明信片收集者，所以很多明信片看起来十分花哨。这些收藏品似乎引起了这个小孩的兴趣，于是他拿来给我看。他用孩子的话对我说"叭叭"，他用来表示"汽车"。于是我知道他邀请我来看汽车的图片。他的图片很多，也很漂亮，很容易看出他母亲把这些东西收集起来，既是为了哄他高兴，同时也试图用这种方式教育孩子。在这些明信片上画着长颈鹿、狮子、蜜蜂、猴子、鸟等许多种类的动物；还有一些明信片上画着讨儿童喜欢的绵羊、猫、驴子、马和牛等；还有一些明信片则画着各种景物，比如房子。使我觉得奇怪的是，在收藏的这些明信片中，我没有发现汽车的图片。我对这个孩子说："我看不到汽车啊。"当时他看着我并指着一张明信片得意地说："在这里哦！"这幅图画的中央可以看到一只漂亮的猎狗，远处有一个肩上扛了一把枪的猎人。可以在一个角落里看到一座小屋，还有弯弯曲曲的一条线，好像是一条路，在这条线上还可以发现一个黑点。这个小男孩指着这黑点说"叭叭"，这个黑点很小，几乎看不到，但我看出来这个小黑点确实可以表示一辆汽车。汽车被画得如此小，简直很难发现，这小小的汽车却引起了这个小男孩的关注，所以他觉得有必要指给我看。我想，也许这个小男孩还没有注意到其他明信片上那些漂亮和实用的图画。我挑出一张明信片，上面画有长颈鹿，对他说："看这长长的脖子。"这个小男孩脸色很不愉快地说："长颈鹿。"于是，我继续讲下去的勇气没有了。

可以这样说，大多数儿童在2岁左右的时候，就已经可以依靠天性逐渐引导智力的发展了，这种活动会一直持续下去，直到有一天他们对周围环境中的东西有了充分的了解。我还记得这样一个例子。我曾经帮着一个20个月大的男孩子看一本成人才会看的书，封面完全是那种十分漂亮的风格，这是一本《新约全书》，由多雷配的插图。书中还嵌入了一些经典的绘画作品，比如有一幅就是拉斐尔的《主的荣光》。这个小男孩在我的引导下认真地看完了这幅画，上面正好还有一幅耶稣呼唤小孩到他身边去的画面，我便向他解释道："耶稣怀里抱着一个小孩子，你看别的小孩子是多么爱他啊！他们都把头靠在耶稣的身上，并且目不转睛地仰视着他。"这个小家伙显然对这些丝毫没有兴趣。这时候他扭动着自己的身体，像是在暗示我没有照管他。我翻看着这些图画，试图寻找另一幅图画。这时候，小男孩突然对我说："看，他在睡觉呢！"我对这个小男孩的话感到诧异："谁在睡觉？"这个小男孩大声地说："是耶稣啊！耶稣在睡觉！"他示意我把书翻回去。我又仔细端详这幅画，画面上的耶稣正站在高处俯视着儿童。他的眼睑低垂着，看起来的确像是在睡觉。这个细节被小男孩捕捉到了，而我这个成年人却丝毫没有注意到，现在想起来真是非常惭愧。

成人可能习惯了自以为是，觉得儿童只是喜欢色彩鲜丽、声音巨大的事物。强烈的刺激并不能给孩子带来注意力上的提升，比如歌声、钟声、飘扬的旗帜、绚烂的灯光等，因为这些强烈的刺激是转瞬即逝的。我们不妨把这种行为方式和成人做一个直接的比较。比如我们正在聚精会神地看书，此时有个管弦乐队正好从楼下经过，这时我们大概会把书放下，然后走到窗口去看看外面究竟发生了什么。因此我们推论出，孩子和大人一样，也容易被外在的响亮的声音极大地吸引，但这仅仅是一种附带产生的结果，与儿童心理生活的发展并没有重大联系。儿童相反会全身心地注意那些我们忽略的小东西，这一现象可以被看作是儿童心理生活存在的证明。儿童这样做显然不是因为这些小东西特别醒目、特别吸引人，而是因为他们这时候更加专注于小的东西，并在全神贯注地看它的时候，显示着"爱与智慧"。

　　儿童的心灵对成人来说为什么就那么神秘呢？根源就在于，他们更注重观察表面现象，而不是从内心深处去挖掘。在儿童活动的背后，有一种可以理解的原因，对此我们必须考虑到。我们总是以为孩子的所有反应都是一时冲动，但是兴趣也同样包含着这样的因素。这是一个非常值得重视的问题，同时必须找到答案，这个过程快乐而充满着艰辛。成人必须一改以往的傲慢态度，对儿童重新审视，才有可能窥探到谜底。成人需要重新做回一个学习者，端正那种蛮横专断的态度，克服狭隘的心理，在与儿童的关系上不再以裁判者或领导者的身份出现。

　　我曾经和一群妇女讨论过关于儿童书籍的问题，我们是在一间画室的角落里进行的。我发现一个 1 岁半左右的小男孩，他在妇女们身边安静地玩耍着。我们首先是从理论探讨，紧接着谈到了一些具体的事情，其中还谈到了小孩子的书籍问题。这时，那个小男孩的母亲说："我有一本叫作《小黑人萨莫》的书。萨莫是个小黑人，在他生日那天，父母送给他许多礼物，这其中有帽子、长筒袜和颜色鲜艳的外衣。他的父母正在为他准备可口的饭菜，这个小萨莫却顾不上吃饭，匆匆忙忙地去街上炫耀他的新衣服了。小萨莫在街上碰到许多动物，他想安抚一下它们，就送给每个动物一件东西。他把帽子送给了长颈鹿，把鞋子送给了老虎……最后，他光着身子，流着眼泪回到家。这个故事的结尾是很愉快的，因为父母宽恕了他。这从这本书的最后一幅画——他面前摆着丰盛的饭菜上可以看出来。"

这个母亲给其他人建议说，可以让孩子看看这本书，但这个小男孩却摇着脑袋，插嘴说道："不，Lola。"众人不解是什么意思，他们猜想这恐怕就是一个童年的谜吧！大家谁都没有在意，可是这个小男孩不断地重复说："不，Lola！"这的确让人感到很费解。他的母亲这时候解释道："是这样的，照顾孩子的一个保姆就叫Lola，他可能有点想她了。"小男孩莫名其妙地大哭起来，一边哭一边大叫着"Lola"，好像是遭受了严重的不公平待遇或误解。直到最后，有一个人把书给他看，小男孩指着封面的背面后的最后一幅图。这幅图画着那个可怜的小黑人正在哭泣。这时人们才恍然大悟，原来这个小家伙所说的"Lola"的含义是西班牙语"llora（他在哭）"的意思，只不过是发错了音。

小男孩显然是想重申这样一个事实：这本书的结局并非皆大欢喜，而是一个彻底的悲剧。因为封底的小黑人萨莫正在伤心地哭泣。这个小男孩显然是对的，不过我们成年人都没有注意到这一点。因此，当小男孩的母亲说出"这个故事的结尾是很愉快的"时，小男孩试图去纠正母亲所犯的错误。他清楚地记着，这本书的结尾是萨莫正在哭泣，显然小男孩比他的母亲看书看得更仔细。虽然他无法完全理解妇女之间的谈话，他甚至还不能准确地表达一句话，但却能够显示出他敏锐的观察力，这不能不让人感到震惊。

儿童的性格与成人恰恰相反。因为成人知道选择，儿童却不明白，反过来认为成人多少有点无知。一个长期专注于细节的儿童，在他的眼中也会多少流露出对成人的轻蔑。由于我们对细节不感兴趣，所以儿童往往认为我们有些迟钝和麻木。如果儿童能够表达自己的观点，他们肯定会将成人批评得无地自容。这段时期他们不信任我们，就像我们对他们不信任那样。成人和儿童的思维方式不尽相同，因而出现问题也就在所难免。

孩子如何看待外部秩序

————————

儿童往往是先了解他所处的外在环境，之后才更深入地了解外面世界的秩序，进而思考自身和外面环境的关系。如果说到儿童最大的一个特点，那必然就是热爱秩序。他们有的只有 1 岁半或者 2 岁，却能够清楚地知道一些东西的名字。值得人们思考的是，孩子们也许在更早的时候就已经掌握了这种能力，可惜大人的引导不到位，致使他们对于外在环境的秩序需求不是那么强烈。一个优秀的家庭妇女甚至都无法和一个热爱秩序的儿童相提并论。比如，人们常说："我爱我家，我爱一个整洁的家。"事实上，他们只不过是嘴上那么一说，行为上依旧是那种老样子。但是孩子却对生活在混乱的环境里面没有足够的耐心，这会使他们感到心烦意乱。他们往往歇斯底里地呐喊或者绝望地尖叫，以此来抗议，最后急出病来。婴儿显然能比大人更直接地、更敏锐地感受到外在环境的混乱，他们的敏感性受到外在环境的影响，然而长得越大，敏感性就越差，直至消失。成长过程中生物的敏感性会以周期的方式出现，这种现象我们叫作"敏感时期"。这一时期很神秘，也非常重要。

　　令人难以想象的是，孩子们考虑到外面秩序的敏感期，常常被人们认为是混乱不堪的。出现这种状况的原因，我想是这个环境无法单独地被他们所拥有，所以小孩子在这个环境中的位置不太明确；而相同环境里面，比他们强大的还有学校的老师、大一点的同学或者家长，这些人不但不理解，甚至认为他们很任性。小孩子因此会毫不理会大人们的安慰，仍然无缘无故地大呼小叫。这种情况可以说是很常见，这里面就有很多大人无法知道的秘密藏在孩子们的心里。

　　我们在这里必须给大人们提一些建议了，否则，你们怎么能够及时察觉到孩子内心的小秘密呢？怎么觉察到孩子是怎样用心展现这些小秘密的呢？在学校里，我们如果有什么东西没有放回原处，一个刚满两岁的孩子看到了，他也一定会想办法放回原处的。学校里面要做好清洁工作，把一些不必要的东西及时清理掉，这样有助于孩子养成爱整洁的习惯。儿童只有在自由中，对于秩序的向往才会更加强烈。

　　我们学校的一些生活图片在旧金山博览会中心大厅展出。人们可以在图片上看到这样的情形：放学后，所有的桌椅都被一个 2 岁的小孩子整齐地放在墙壁的一侧。看起来，他是带着思考完成这项工作的。那天，他无法处理靠着的一把椅子，他就开动脑筋，把这个大椅子放在通常摆放的地方，离其他椅子不远的位置。

　　还有一个小故事，有一个只有 4 岁大的孩子从一个容器向另外一个容器里面倒水，他不知道自己不小心已经将水洒在地板上了。有趣的是，一个比他还小的小孩子坐在地板上，拿着一块抹布已经悄悄地将地板上的水擦干净了，这个倒水的小男孩还不知道呢！他停止倒水的时候，更小一点的男孩子问道："还有吗？"大一点的男孩子一脸不解："还有什么呀？"

但是，如果环境不是很适合自己，小孩子发现自己无法表达自己明确的想法，这个时候有趣的事情就会变得很糟糕，没有任何价值，让小孩子更加痛苦，也更容易发脾气。

满足孩子的需求，这样我们才能从中窥见孩子刚刚出现的这种敏感性，这后来被认定是快乐心情的一种释放和反应。孩子对于秩序的敏感期就出现在降生后的几个月之内，所以作为家长应该有必要好好学一下幼儿心理学。一些保姆受过这些训练，她们就能够按照我们要求的那样去做事。这方面我还有一个比较生动的例子：一个保姆整天推着一个坐着 5 个月大小的婴儿的童车，缓缓地从房子前面的花园里走过。这个小孩子看见什么东西非常兴致勃勃呢？原来是一块白色的大理石碑。这块石碑镶嵌在灰蒙蒙的旧墙上面，花园里到处鲜花盛开，可让小孩子最高兴的却是那个毫不起眼的大理石碑。善解人意的保姆这时候就在大理石碑下面停住了，她要让孩子仔细地看个够，好让孩子能够得到长时间的快乐。

我们都知道，小孩子的挫败感也常常发生在孩子的秩序敏感期。他们这时候大多暴躁而敏感，常常因为一些小事而大发雷霆。

这样的例子不胜枚举，我总是能找到很多。这个故事发生在一个小家庭里。被我们提到的婴儿刚出生几个月，她总是躺在大床上，那是一张有些倾斜的床，对她俯视四周很有好处。她的房间按照生理科学原理设计，有一间保育室用来盥洗，房间不像一般房间一样刷成白色。房间安装了彩色的窗玻璃，摆放着一些小家具，鲜花摆在一张铺着黄色桌布的桌子上。那天，来她家里做客的一位女客人把自己的雨伞放在那张桌子上，随后，小女孩看到雨伞便开始哭闹，看来这把雨伞让她烦恼、难受了。大人不了解孩子的需要，还想一定是小女孩喜欢这把伞，但是客人把伞放到她面前时，她推开伞，拒绝接受它。大人把伞放回到桌子上。保姆抱起小女孩，放在桌子上，靠近那把伞，可小女孩仍然哭闹着，不停地挣扎。孩子的母亲对小孩子早期的心理预兆了解一些，这时候她走过来，从桌子上拿起伞，把它拿出了房间。小女孩立刻变得老老实实的，不哭也不闹了。看来，伞放错了地方让她烦恼，因为这严重地违反了小女孩房间平时的秩序，而她对东西摆放的位置记得可清楚了。

讲到这里，索性再讲一个例子给大家。有一天，我和一群游客一块儿走过那不勒斯的尼禄洞穴，有位年轻的母亲打算带着她的孩子走完地下洞穴，可是这个孩子太小，才1岁半左右，不能自己步行全程。才一小会儿，小孩子就累了，母亲只好抱着他走，但她却力不从心。她浑身热得不得了，于是，她把外衣脱下，搭放在她的胳膊上。她抱着的孩子却产生了心理障碍，哭起来了，哭声越来越响亮。母亲想尽办法，想让他安静，但毫无作用。这位母亲太年轻，也是因为疲劳，感到十分苦恼。人们都看到了这种情况，很想真诚地帮助她。母亲把小孩从一只胳膊放到另一只胳膊，小孩仍然又哭又闹。别的大人和他说话，甚至训斥他，都无济于事。这个小孩的母亲想，抱抱他大概问题就可以解决了。

可是改变抱的姿势好像也没有用，因为小孩子正在"大发脾气"。我们的一个旅伴站出来说："我来抱抱就好了。"他用自己强壮的胳膊紧紧地抱着小孩子，显得很严肃。但这个小孩却不领情，反而哭闹得更厉害了。我想，这个小孩的反应肯定跟幼年期的秘密有关，我充满自信地走过去，对孩子的母亲说："我帮你穿上外衣，好吗？"孩子的母亲仍然热得喘不过气来，惊讶地看着我，虽然很糊涂，但还是同意了我的话，她穿好她的外衣。太奇妙了，小孩马上安安静静的，不哭也不闹了。他说："妈妈，穿外衣。"他的意思好像是："妈妈，不管怎样都要穿上外衣。"或者是感觉到大家终于知道自己的存在了，紧急事件终于变得十分平静，小家伙的手伸向母亲，高兴地笑着。原来，这位年轻母亲身上的混乱、失去秩序的现象不和谐，给孩子形成了障碍。一定要把外衣穿在身上，而不能像一块布片一样搁在胳膊上。

　　让我最受启示的是另外一个例子。如果不是我亲眼见到，很难相信这样的事情。有位母亲身体非常不舒服，于是就靠在沙发上休息。这个时候保姆从房间里拿来两个靠垫给她靠着，这样看上去她更舒服一些。就在这时，她21个月大的女儿跑了过来，想让妈妈给她讲故事。虽然自己身体不是很舒服，但是做母亲的仍然没有拒绝孩子的请求。她边靠着靠垫，边给小女孩讲故事。后来，母亲实在支撑不住了，便让保姆扶她回房休息，只留下小女孩一个人待在沙发边上。保姆顺带着就把那两个靠垫也拿回房间去了，她觉得太太等一下可能用得着。这时小女孩却大哭起来。按照我们成年人的思维，一定以为是母亲不给孩子讲故事，所以孩子哭起来。事实上孩子不是因为这个，而是尖叫道："不要拿走靠垫，不要拿走靠垫！"她好像在强调："不管怎么样，靠垫不能从它的位置上拿走！"保姆当然很耐心地劝她，妈妈也还是强打起精神给她讲故事，但是这些都无法让小女孩的哭泣停下来。她流着眼泪说："妈妈，看看沙发，看看沙发。"这个小女孩此时已经不再对故事感兴趣，小女孩的妈妈和靠垫都发生了位移，完全换了一个房间去讲故事，这虽然看起来很平常，在这个小女孩内心却发生了戏剧性的冲突，让她无法接受。

孩子们对秩序的强烈渴望，在上面的例子中体现得淋漓尽致。但还远不止这些，他们的早熟程度更让人感到惊讶。我们甚至都不敢想象，一个两岁的孩子都懂得热爱秩序。如果我们细心观察，就能够在现实生活中发现，学校里的一些有趣的事情还是很多的。如果有人不小心把东西放错了位置，小孩子看到了一定会将它放回到原来的位置。有些细节成人根本注意不到，可是这些2岁的孩子却可以观察到。比如说，有人把肥皂放在脸盆架上面，却没有放到肥皂盒里面去，又或者是把椅子放得东倒西歪，没有把它们放在应该出现的位置，小孩子如果看到了，就会很自然地跑过来，把它们放好。把东西摆放得乱七八糟，似乎在刺激着孩子的神经，他们无法忍受，就是这么一个道理。我们从中可以得知，真正让孩子快乐的，就是把东西摆放得整整齐齐。我们学校一些三四岁的小孩子，会在完成练习后，把那些使用过的桌椅自觉地放回原处，这是毫无疑问的事情。

对于这些小孩子来说，把东西放在指定的位置，这就是他们头脑中"秩序"的概念。当小孩子认识到那些东西在自己日常生活环境中所处的位置之后，就会牢牢将它们的位置记住，这样秩序感便产生了。这同样能让他们更加熟悉和适应自己所处的环境。我们其实非常渴望这样的环境，当我们处在这个环境中时，即使闭着眼睛走动，也会知道东西都在哪里，那些生活用品变得触手可及。这样的环境对于快乐安静的生活来说是不可或缺的。儿童对于秩序有着超然的理解，小孩子认为秩序的混乱是极其痛苦的事情，秩序被破坏对于他们的心灵伤害很大。我耳边似乎听到孩子们的呼喊："没有了秩序，我们便无法生活，请关心一下我们生活的秩序。"可见，对于孩子来说这个问题至关重要，但对于成年人来说就只是快乐不快乐、舒适不舒适的问题。小孩子们试图了解生活的各个组成部分，并按照自己明确的原则去行动。大自然似乎是没有感情的，它总是亘古不变地以一种步调来走下去，那就是生老病死。对于小孩子来说，秩序就像是野兽在大地上奔跑，就像是鱼儿在大海里游动，小孩子需要在一个环境中获得有关的规则，从而在这个环境中得到进一步发展，这是非常有必要的。

在小孩子的游戏中早就表现出对于秩序的热爱。瑞士有位心理学家按照克拉帕雷德教授的理论，对自己的孩子进行了一些实验，这些实验的确很有趣。这位心理学家把一些小东西藏在椅子的坐垫下面，这时让孩子走出房间，然后他把这些东西转移到另一个椅子的坐垫下面，这位心理学家自然希望孩子可以在第一个坐垫下面找不到的时候，去翻看第二个坐垫。但是孩子进来之后，先去第一个坐垫下面仔细看了一遍，没有找到，就老老实实地说："找不到。"孩子似乎根本不到其他地方去找。这位心理学家不甘心，又在孩子面前把刚才的实验演示了一遍，并且让孩子看到东西已经从第一个坐垫下面转移到另一个下面了。令人十分费解的是，孩子依然是只在第一个坐垫下面找了一下，便说："找不到。"心理学家自然是非常失望，觉得这个孩子的智力是有问题的。于是质问孩子说："我明明刚才已经把它们转移到这里了，你难道看不到吗？"孩子风趣地说："我看到了啊，但是它们应该放在这里才对！"

显然这个孩子的智力是没有问题的，他的心思并不在找什么东西上面。即便是他找得到，他也觉得那与他自己没什么关系。他最关心的是这个东西应该放在原处，而不是像父亲那样违反游戏规则地去随意摆放。心理学家认为这个游戏是从一个地方转移到另一个地方，这中间有个"藏"的过程，孩子显然误以为这个东西从一个地方放回原处才是这个游戏本身。在孩子看来，这个东西不放回原处，是非常乏味的游戏。

就在我和这些孩子一起玩捉迷藏游戏的时候，这些2～3岁的孩子给我带来了无限的惊奇。他们在做游戏的时候通常都很激动，甚至表现出兴高采烈的样子。游戏是这样进行的：有一个孩子在其他孩子的面前藏到铺着长桌布的桌子下面，随后，其他孩子走出房间，他们再次回到房间的时候，立刻掀起桌布。这时，他们看到同伴藏在桌子下面，就高兴得尖叫着。孩子们一遍一遍地做这个游戏。他们按照次序一个一个地说："该我藏起来了。"随后爬到桌子下面去。还有一次，我看到几个大一点的孩子和一个很小的孩子一起玩捉迷藏游戏。大一点的孩子知道小孩子藏在一件家具后面，他们进来时，却装作不知道的样子。他们装模作样地找遍了房间里的所有地方，就是不在这件家具后面寻找，他们认为这样就会让小孩子觉得更好玩。但是小孩子却大声叫着："我在这里呀！"并且表现出一副非常生气的样子大喊道："你难道看不见我吗？我就在这里！"

我看到这一切的时候，觉得非常有趣，便忍不住和他们一起玩儿。一群天真烂漫的孩子欢呼雀跃，他们在门后面找到了那个藏身的小伙伴。他们还拥抱着我，对我说："请你藏起来，咱们一起做游戏吧！"我接受了他们的邀请，他们就一起跑到门外面，好像他们觉得看到我藏身的地方，是件很不好的事情。我没有藏在门后，而是藏在一个柜子的后面。孩子们回来后，一起跑到门后找我。我藏了一会儿，发现他们找不到我了，就从藏身的地方走出来。他们的表情又失望，又迷惑。他们用责备的口吻问道："你怎么不和我们玩呢？你干吗不藏起来？"

这个游戏本身是充满快乐的，最大的乐趣就在于孩子们愿意在他们指定的地方找到他们要找的东西。我们必须要了解孩子们这个年龄的特性。他们认为把一些东西藏起来就意味着必须是看不见这些东西。重新发现这些东西就会带来一种和谐的秩序感，不管是看到还是没有看到，东西总该放在它被放好的地方。他们就会自言自语道："你绝不会看到它，只有我知道它在哪儿，我闭上眼睛也能把它找到，因为我确信它放在那儿。"小孩子对秩序的内在敏感性是自然界赋予的天赋，这是通过自我感觉而形成的天性。这种感觉不是物体本身，而是对各种物体之间的关系的区别和认识，所以小孩子有看到一个整体环境的能力，同时认识到在环境的各个部分是相互依存不可分割的。他们极为需要这样的一个整体环境，因为只有这样的环境孩子们才能适应，他们的行动才更具有目的性。以此为基础，儿童才能认识到组成环境的各个部分之间的关系。假如孩子们所见所闻的周围环境不能按照秩序组织起来，它们就没有存在的价值了。小孩子觉得这就像只有家具却没有建好放家具的房子一样。如果人们仅仅知道区别一个一个的物体，却对它们的联系毫无了解，他会发现一个尴尬局面：他自己处于混乱状态之中，无法摆脱。明显地，儿童具有的工作本能是自然界馈赠的一件礼物，这使他在适应环境的同时在环境中找到适合自己的生活方式。自然界在孩子对秩序的敏感期里给他们上了第一堂课，就如一位教师给孩子提供一张学校的教室平面图，为识别地图做好了前期的准备工作。

　　我们可以得出这样的结论，大自然是给孩子们上得最生动的一堂课。它仿佛是指南针，确切地告诉孩子们应该找寻的方向。同时，它还教会了孩子们使用语言的技能，随着年龄的增长，孩子们的语言能力也将逐步提高。我们必须知道，人的心理变化是一步步实现的，因为有些基础是在敏感期就一点点发展起来的，绝非一蹴而就。

内部秩序

儿童的秩序感大体上可以分为两类，即内部秩序和外部秩序。我们都知道，儿童对于自身与周围环境关系的认知可以称为外部秩序。而自己身体与他们每一部分相应位置的认识，便是所谓的"内部秩序"。

很多实验心理学家热衷于对于人体内部秩序的长期研究。通过研究他们认为，存在一种使人们能够意识到自己身体的不同部分所在的不同位置的肌觉，这种肌觉需要有一种特殊的记忆，可以称它为"肌肉记忆功能"。这种机械的解释完全是基于意识活动的经验做出的。比如，假如我们伸手拿到了某样东西，这个动作能够被感知到，还可以保存于我们的记忆中，而且可以重现。由于人们具有运用自如的经验，因此我们能够随意活动自己的两只胳膊，向着不同方向转动。但实际上，儿童显然已经经历过了对于自己身体各种姿势的高度敏感期，这个时期远在他能自由地到处走动和具有任何经验前面。也就是说，儿童早已经被自然赐予了与他的身体的各种姿势和位置有关的特殊敏感性。

那些理论是以神经系统的机制为基础，敏感期却是与心理活动息息相关的。敏锐的观察力和心理冲动为意识活动的发展打下了基础。它们是自发地产生一些基本原则的源泉，同时，这些基本原则构成心理发展的基本条件，这样很自然地为心理发展所需的潜意识和经验提供了条件。相反的，正是由于周围环境对于孩子这种创造性的阻挠，才更加清晰地说明了这种敏感期的存在与他本身所具有的敏感性有关。儿童在这种情况发生时会变得非常不耐烦，就像预示着一种疾病的到来。假如这种不良的情况持续下去的话，就有可能给治愈这种疾病的尝试造成障碍。说来简单，将障碍排除掉，脾气没了，疾病也好了，这不是很明显地揭示了产生这种反常现象的根源吗？

记得有一位保姆曾经告诉我一个非常生动的例子，她是一个善良且贤惠的英国妇女。她找到了一位能干的替代者，因为她要暂时离开她为其工作的那一家人。这位替代者对这份工作掉以轻心了，于是她在照顾小孩洗澡时碰到了麻烦。只要她一给这个小孩洗澡，他就不安和绝望地哭起来，而且想离替代保姆远远的，还把她推开，想逃开。这位保姆为孩子做了她所能想到的一切，但是这个小孩仍然厌恶她。后来那位英国保姆回来了，这个孩子立刻就老老实实地、高高兴兴地洗澡了。这位英国保姆以前在我们的一所学校里受过相关的训练，发现儿童厌恶的心理原因是她的兴趣所在，对已发生的这个现象她很容易得知谜底。对于如此年幼的儿童所说的那种不完整的语言，她具有很大的耐心试图去解读谜底。这个小孩把第二个保姆当成了坏人，又是为什么呢？我们通过对比才发现，这两个人给孩子洗澡的方式截然不同。第一位保姆用右手洗孩子的头，用左手洗孩子的脚；第二位保姆的动作正好相反。

　　说到这里，又让我想起了一个比这件事更为严重的例子。这个小孩子的经历看起来似乎是一种无法确诊的疾病，我目睹这件事纯属偶然。案例中的这个小孩子只有 1 岁，他和家人进行了一次长途旅行。孩子的父母都以为小孩太年幼了，所以不能忍受这种路途的疲劳。然而一路上孩子的母亲发现路途中并没有发生意外事件，旅途相当顺利。到晚上的时候他们都睡在高级旅馆里，那里有现成的围着栏杆的幼儿床，还为小孩子准备了美味的食品。回家以后，他们住在一个房间很大、家具很简单的公寓房间里。因为再没有围着栏杆的幼儿床，小孩和母亲一起睡在一张大床上。

　　接下来却出现了意外，小孩子像是病了一样，每天晚上都不停地哭，而且有失眠和反胃的症状出现。孩子的母亲于是不得不整夜抱着孩子，母亲和孩子都感到疲惫不堪。无奈之下，家人请来了专业的儿科医生来检查小孩的身体，并给小孩买来了很多好吃的，给他进行日光浴，散步，等等。但是这些行动无济于事，结果，夜晚成了全家很痛苦的时候，这个小孩竟然清醒起来，可怜地抽搐着，还在床上打着滚。每天要发生 2～3 次类似的情况。由于小孩年龄太小了，当然不能说出自己的烦恼，所以大家都不了解对他来说最大的难于解决的烦恼。于是，他的家人请来一位著名的儿童精神病专家为他诊治。

　　那一次我正好也在其中，这个小孩看上去并没有什么严重的病症。父母也告诉我们在旅行的时候孩子的身体非常健康。为什么回到家里就病了呢？显然，他的变化可能是精神失调导致的。

我看到这个小孩躺在床上忍受着病痛和苦恼，这时候我忽然来了灵感。我拿来两只枕头平行铺开，它们的边角垂直起来像一张围着栏杆的幼儿床的样子。我随后为他盖上床单和毯子，默默无语地把这张临时凑成的幼儿床紧靠在小孩的床角。小家伙看见它，立刻停止了哭泣，打着滚儿，滚到床沿边上，睡在里面，并说："咖亚，咖亚！""咖亚"是小家伙用来表示"摇篮"的词。孩子马上就睡着了。从此，他的病症再也没有发作过。这个小孩不满成人把他抱离睡惯的床而放到一张没有围栏的大床上，采用了他的独特办法表示对不招人喜欢的混乱的抗议。

很显然，睡在一个没有围栏的大床上让孩子感受不到那种安全感，所以他整夜不停地哭泣。由于没有了围栏，直接导致他内部秩序的混乱，内心非常挣扎，这不是生理上的病痛，儿科医生束手无策。这个例子说明了敏感期内精神的力量，在敏感期里他具有天然的创造力。我们有时候太过于相信所谓的经验，而正是这些经验让我们变得麻木和愚蠢。要知道，孩子的秩序感和我们并不相同。他们处在获得感知印象的贫乏期中，他们一无所有的同时又会感受到创造的艰辛。在他们心目中我们就像他们的继承人，但我们就像靠艰苦劳动发家的人的儿子，一点都不顾及他们所承受的劳动的艰辛。我们已拥有的社会地位和拥有的一切都使我们冷淡而且迟钝。认识到这些我们便可以充分运用儿童给我们的启示了。儿童的优势是经过不断训练的意志，以及日渐发达起来的肌肉。今天我们能适应这个世界，这和儿童时期培养的敏感性是有着密切关系的。我们的生活会丰富多彩，那是因为我们是儿童的继承人的缘故。

儿童起初是一无所有的，但正是这让他们变得更有创造力，也让我们可以创造未来的生活。从无到有，以致绚烂至极，儿童的努力我们可以看得见。孩子们在一点点地接近生命的本源，并且勇于付出行动，而他们的创造方式我们始终无法感知，并且永远无法追回。

心灵的构建

假如我们试图更详尽地了解心灵和智慧的秘密，我们不妨对生产前的胎儿做进一步的研究。生物学研究往往都是这样，如果要研究动物或者植物，采集的标本大都是成熟的个体，对于人类的研究也是如此。但是现在，科学家们却要独辟蹊径，针对幼小的或初始生命进行取样研究，因此，胚胎学开始受到重视，它告诉我们受精卵是两个成人的细胞结合后的产物。孩子的生命初始于成人，也结束于成年，这就是生命的旅程。

孩子们都是在爱的氛围中降生到这个世界上的，这大概是造物主的一种恩赐。他们本来就是父母爱的结晶，一出生就被父母的爱所包围着。这种爱不是人工的，也不是出于理性的考虑，而是一种自然而然的感情，它与慈善家、传道士或社会活动家所倡导的爱不一样。只有孩子在成长中所经历的爱，才是人类之爱的理想境界，这是一种无私、无悔的奉献。父母为孩子所做出的牺牲来自他们的天性，牺牲越多他们就越快乐。实际上，这种付出对做父母的来说恰恰是一种收获，生命的本性即是如此。这种生命的相互关系比"适者生存"的竞争关系要高尚得多，这是一种特殊的本能。因此，法国生物学家法布尔在解释物种延续的原因时指出：这不仅是由于它们有天赋的自卫能力，更由于它们有一种伟大的母性，低等动物在保护幼小的下一代时所显示出的智慧就证明了这一点。

由于认识的局限性，19世纪的科学家们普遍认为人的每一个胚胎细胞都是成人的一个微缩品，他们都在逐渐长大成人。有趣的是，他们还就这个"迷你小人"是男是女作了激烈的争论，这一争论的终止是在显微镜出现之后。最后，人们尽管不情愿，但是不得不接受这样一个事实：胚胎内并不先天存在人的雏形，而是由受精卵一分为二，再由二变四，这样不断地分裂繁殖，形成了人的胚胎。胚胎学的研究截至目前的结论是，如同建造一栋房屋必先积累许多砖块一样，当细胞分裂到一定数目时，就筑成了三道墙，然后在墙内开始构筑器官。这种构筑器官的方式十分特别。它开始于一个细胞，然后环绕这个细胞进行疯狂的、快速的分裂，当这种猛烈的活动停止时，身体器官就产生了。科学家对于这一现象给予了充分的解释，每个细胞原来都是独立发展的，好像它们有着各自的目的。而当它们密集活动时，就围绕着一个中心，显得十分团结，又像充满着幻想。它们不断地变化着，与周围其他细胞的差异越来越大，慢慢呈现出将要形成的器官的样子。当不同的器官依次形成时，就出现一种力量使它们相互吸引并结合在一起，它们互相依存，一个也不可少。

一个幼小的生命就这样诞生了，看起来是那么神奇。首先是循环系统把全身的器官联系起来，然后是神经系统将它们更完美地联结，在这里所显示的构筑过程都起始于一个基本点，由这个点出发完成一个个器官的创造工作，一旦各个器官形成，它们必然紧密地结合在一起，呈现出一个独立的生命体。所有的高等动物都遵循着这一原则构筑器官，自然界中也只有这一种构筑规则。

那么人类的心灵是怎样构建的呢？人类的心灵似乎也是循着这样的路径发展的，它从虚无中开始，在新生儿的内部，也就是在他的心理层面，一开始并没有任何现成的东西，灵魂围绕着一个基本点产生，在此之前，新生儿的身体也是在不断地搜集材料，经过心智吸收，当这些材料积累到一定程度，就出现了许多基本点，其热烈的程度是人们无法想象的，语言功能的出现就是一例。由基本点所获得的可不是心灵的发展，而是心灵活动所需要的器官。同样，心灵器官也是各自独立发展的，例如说话、四肢的动作、辨认方向以及其他协调运动的能力都是如此，它们都围绕着一种趣味发展，吸引着孩子对某类活动着迷。当所有的器官齐备，它们就结合起来成为心灵的组成部分。

可以想象，如果我们不了解这些过程以及先后发生的顺序，就无法很好地把握孩子心灵的构建。也许有人会说，以前的人不懂这些，不是一样可以养育出健康的后代吗？但是我要提醒大家，我们现在生活的时代，大自然所赋予母亲的本能大大地受到了压抑，甚至于消失。过去做母亲的可以依靠本能帮助孩子在婴幼时期发展，走到哪里就把孩子带到哪里，时刻为孩子的成长创造所需要的环境，并且用母爱保护着他，如今的妈妈的这种本能也趋向于退化。所以，研究母性的本能与研究孩子的自然发展是同样重要的，因为这两者是相辅相成的。

还是想想办法，让母爱回归自然吧！事实上，母爱本身就是一种伟大的自然力量，科学家们应该把这件事重视起来，应该协助这些母亲恢复她们的本能。我们还应该教母亲学会这种知识，让她们在孩子一出生就给予心灵的保护，没有必要把婴儿交给受过训练的护士，那种护理尽管十分合理和卫生，但那只能在表面上满足孩子的生理需要。事实上，过分依赖护士护理的孩子，很可能会受困于心灵的匮乏。

大家如果再一起来关注一下这个发生在荷兰的事情，相信这件事足以让大家感到大吃一惊。有一个机构试图教导一些低收入的母亲对孩子实施卫生保健，他们将一些失去父母的孩子安置在一个自诩很完善、管理很科学的地方。那里有着丰富的营养品，并且还有经受过专业训练的护士，她们用全新的理念去照顾这些孩子。不幸的是，这些孩子不久便得了疾病，波及的范围很广。那些由低收入父母照顾的孩子反而没有患病，而且比那些被照顾得完善的孩子更健康。

后来，这些机构的医生恍然大悟，察觉到了这些孩子大量不适是因为缺乏某种条件，那就是最真诚的母爱。他们立即采取了补救措施，让护士们也开始学着就像母亲对待自己孩子的样子，经常亲亲孩子，与他们玩耍。这些对照顾婴儿一无所知的护士妈妈，被发自内心的爱所引导，并结合科学的养育方法，才使这些孩子重新获得了快乐和健康。

◇ 孩子有自己的秩序 ◇

儿童最大的特点，那必然就是热爱秩序。儿童往往是先了解他所处的外在环境，之后才更深入地了解外面世界的秩序，进而思考自身和外面环境的关系。婴儿显然能比大人更直接地、更敏锐地感受到外在环境的混乱，他们的敏感性受到外在环境的影响，然而长得越大，敏感性就越差，直至消失。

 高情商家教思维

1. 儿童发展更多要依赖于运动和手的活动，我们应当给孩子提供哪些帮助？

_____

_____

_____

2. 列举一些环境因素在儿童智力发展中的影响。

_____

_____

_____

3. 怎样及时观察到孩子内心的小秘密？你发现你的孩子是用什么方式展现这些小秘密的？

_____

_____

_____

4. 如何看待孩子一些执着的行为和习惯？比如，喜欢某种玩具，喜欢睡床的某一个方位。

_____

_____

_____

5. 人类心灵是如何构建的？

_____

_____

_____

儿童的综合能力及培养

　　人们想到花，就会想到那斑斓的颜色和美丽的形状。

　　显而易见的是，儿童出生时，既没有听力，也没有语言。

　　那有什么呢？什么也没有，但一切都将出现。

婴儿的语言天赋及语言的形成

在此，我们一起来讨论一些有关婴儿语言的话题——语言机制。大家都知道，中枢神经系统为生物提供了适应外部世界的器官，各种感觉器官、神经和神经中枢以及运动肌肉器官都在中枢神经系统中起作用。在某种意义上，语言机制不单纯是物质因素。19 世纪末期的研究表明，语言同大脑皮质的神经细胞有关，其中主要有两个区域：一个是感觉中枢，负责接受语言；另一个是运动中枢，负责语言的产生。很明显，语言机制包含许多器官，而且同样可以进行肢解。听觉器官中枢接受言语的声音，嘴、喉、鼻等的器官中枢发出言语的声音。两种中枢在生理和心理方面都独立发展。从某种意义上讲，听觉器官同神秘的内心世界是相联系的。儿童的语言在其内心世界中不知不觉地发展。而运动器官的活动又同异常复杂和准确的说话的动作相联系。

显然，运动器官比听觉器官发展得缓慢，表现得晚。对此只有一个解释——儿童发出声音所不可缺少的微妙运动是由儿童听到的声音所激起的。这种设想有其逻辑上的合理性。因为如果儿童不是幸好有已经形成的语言，那么，他们在学习别人发声之前定然已经听到过这种声音。因此，复述别人的话的动作必须以记在心里的声音为基础。因为，将要做出的动作取决于听到的，而且是记在心里的声音，这很容易理解。但我们还得记住，语言是通过自然机制产生的，而不是通过逻辑推理。只有真正的自然才是合乎逻辑的。在研究自然时，我们首先注意到的是一些事实。当我们理解了这些事实之后，就会认为它们是合乎逻辑的。我们自然会认为，"肯定有某种导引它们的智慧力量"，这一智力导引创造性的活动，它对心理现象的影响比对纯粹的生理现象更加明显。不过，即使是对生理现象，它的影响也足以引人注目。人们想到花，就会想到那斑斓的颜色和美丽的形状。显而易见的是，儿童出生时，既没有听力，也没有语言。那有什么呢？什么也没有，但一切都将出现。

就某一特定的语言来讲，运动中枢和感觉中枢与声音和遗传影响关系不大。但是，它们具有利用语言、激起说话运动的能力。它们是自然用来发展语言的机制的一部分。做更深入地探讨就会发现，除了这两种神经中枢外，肯定还存在着特殊的敏感性和动作的预备期。因此，儿童的活动服从于他的听觉。一切都安排得天衣无缝，儿童一生下来，就能开始适应环境和为说话做准备。

只要细心观察，我们就会发现一些有趣的事情，语言器官的形成也很神奇。耳朵结构其实非常精密，简直是一部无与伦比的作品。耳朵的中心部分就像一个竖琴。竖琴上的弦能够根据各种声音的长度发出振动，从而重新发出这些声音。我们耳朵的竖琴有 64 根弦，由于空间狭窄，它们按不同的长度被置放成类似贝壳的形状。尽管只有这个有限的空间，自然还是巧妙地提供了接收音乐旋律所需的一切。但什么使这些弦发生振动呢？因为，如果没有什么振动琴弦，它们就犹如一架不用的钢琴，长期沉默。竖琴的前面有一层像鼓面似的振膜，声音一旦振动鼓膜，竖琴的弦就发生振动。由此，我们的听觉就捕捉到了那悦耳的音乐。由于耳朵里只有 64 根弦，不能将宇宙间所有的声音都接收进去，但却可以在上面弹奏出相当复杂的音乐。语言虽然有各种音调和重音的细致变化，但还是可以由它来传送。还在神秘的胎儿期，耳朵就产生了。如果婴儿在第七个月降生，他的耳朵就已经完全形成，只等发挥作用。耳朵是怎样沿着细微的神经纤维把它得到的声音传送给大脑的呢？我们又一次面对自然的一大奥秘。

那么，语言是如何在婴儿大脑中形成的呢？不少儿童心理学家认为，听觉的发展是最迟的。由于听觉在这时还很麻木，因而很多人认为婴儿其实算得上是聋子。婴儿对于不理解的各种嘈杂的声音没有反应。在我看来，这可能含有某种神秘的意义。我并不怀疑感觉迟钝，但我认为，儿童的语言中枢反应敏感，尤其是对带有词汇的语言。听觉机制也许只对某类声音作出反应。结果，儿童听到的词开动了复杂的机制，产生了运动机能，从而重演出接收到的声音。假如这些中枢的特殊机能没有建立，由它们随意接收任何声音，儿童就会发出怪异的嘈杂声音。他每到一地，就会模仿那个地方特有的声音，甚至还会模仿非人类的声音。正是由于自然为人类语言建造了感觉和运动中枢，并且分离了二者，儿童才能学会说话。由于某种原因被抛弃在丛林中的"狼孩"经过某种方式保全了生命，这样的儿童的周围尽管有鸟兽的怪叫，潺潺的流水声和树叶的瑟瑟声，但他们仍然是哑巴。他们什么声音都发不出来，因为他们从来没有听到过唯一能刺激语言机制的人类语言。

我想跟大家一起分享的是，语言机制的确是一定时期才存在的，这点毋庸置疑。人类不是天生就有了语言，而是具有创造语言的机制。由于儿童的器官任凭他开动，因而语言是儿童创造的。在刚刚出生后的神秘时期，儿童是一个具有特殊感觉形式的心理统一体，处于自我睡眠状态。但他突然间醒来，听到了优美的音乐，所有神经纤维都开始振动。婴儿可能认为，他没有听到其他的声音，但事实上是因为他对其他的声音不作出反应，只有人类的语言才能刺激他。

如果想到创造和保存生命的巨大强制力量，我们就能理解这一音乐引起的神经纤维的振动必须永存的道理，就会理解为什么不断降生于世的新生命就是保持语言的延续性的手段。在儿童的记忆中，无论形成了什么都能成为永恒。富有节奏的歌曲和舞蹈也是这样。每个民族都有自己的音乐，并通过身体的运动对其音乐作出反应，还赋予相应的词。人的声音就是一种音乐，词就是它的音符。它们本身没有什么意义，但每一民族都赋予了它们某种特殊的意义。在印度，成百种语言把它分成众多民族，但音乐却把它们都联系起来。我们试着想想这意味着什么。没有哪种动物有音乐和舞蹈，而整个人类都知道并创作了歌曲和舞蹈。语言的声音在无意识中固定下来。我们不知道生物内部所发生的事情，但其外部表现给我们提供了引导。首先固定于婴儿无意识中的是单音，这是母语的基础部分，我们可以称它为字母，接着是音节，然后是词。但婴儿并不理解它们的意思，正如有时儿童大声朗读识字课本一样。然而，一切都进行得多么巧妙啊！在儿童内部有一个小老师，他像古时候的老师那样，经常先让儿童背诵字母，然后拼音节，再朗读单词。然而古时候的教师不能适时施教，他们是在儿童自己已经能够说话并完全掌握了语言之后才施教的。儿童内部的老师却不同，他是在恰当的时候教儿童学习语言的。

儿童首先掌握单音，然后是音节，循序渐进，正如语言本身一样合乎逻辑。在儿童学习语言的过程中，最先掌握的是事物的名称。自然的教育方式与我们预期的相同，自然就是最好的老师。在它的指导之下，即便是再枯燥乏味的语言，儿童也会表现出浓厚的兴趣，这种兴趣可以持续到儿童发展的下一个阶段——3～5岁。他有条不紊地教儿童名词和形容词、连词和副词。正像在学校里，学期结束时我们要对儿童进行考试，儿童以实践表明他能运用每一种词类。只有在这时，我们才意识到他有一个多么好的老师，他是一个多么勤奋的学生，他是多么聪明能干，完全掌握了所有词类。然而，没有人羡慕这一优异的工作，而且只有当儿童开始上学读书时，我们才真正对他所学的产生兴趣；对他的成绩感到自豪。如果我们年长的人对儿童有着真诚的爱的话，就应该看重他们的成功，而不是所谓的缺陷。

儿童确实是非凡的，教育工作者应该深刻认识到这一点。只在两年时间内，儿童什么都学会了。在这两年中，儿童内心的意识逐渐觉醒，节奏逐渐加快。直到突然间，它好像被一股顺风冲击，从此意识便开始支配一切。婴儿大约在4个月时，就察觉到在他周围并深深触动他的这一神秘的音乐是出自人的口，是由嘴唇的动作产生的。人们很少注意到婴儿在观察说话人的嘴唇时是多么仔细。他全神贯注地盯着说话人的嘴唇，还试着模仿嘴唇的动作。

然后，儿童的意识在活动中起积极作用。当然，婴儿已在无意识中准备好了运动的机能，但产生口语所需要的全部细微肌肉纤维并没有完全协调起来。不过，有意识兴趣被激发起来了，从而加强了他的注意，他便开始有意识地做一些生动而机智的尝试。

婴儿通过两个月的细致观察，说出了一些简单的音节。这时他才 6 个月大。在这以前，他一个字也不会说。一天早晨，婴儿醒来时，他说："爸……爸……，妈……妈……"他已经会说"爸爸"和"妈妈"这两个词了。以后的一段时间，他仍然只说这两个词。这时我们就会说："婴儿只会说'爸爸'和'妈妈'。"但我们必须记住，他是在付出了极大的努力之后才达到这个水平的，它是婴儿自我发现的结果，婴儿已意识到他自己的能力，可以随意学习语言技能了。

儿童 10 个月左右的时候，开始意识到声音的意义。当父母对他们说话时，他们知道这些话所表达的含义，并且努力去理解其中的意思。到 1 岁时，儿童身上发生了两件事：他在无意识中理解了语言，并进而达到了有意识阶段；儿童创造了语言——虽然只是咿咿呀呀、简单地重复和声音的组合。

当到 1 岁左右时，儿童就可以说出第一个代表一定意义的词。虽然跟以前一样咿咿呀呀，但他的咿咿呀呀有了一定的意思。这就是有意识智力的证明。儿童内部又是如何呢？细致的研究表明，儿童内部的能力远远大于外部所表现出来的能力。儿童进一步意识到语言的产生依赖于他所处的环境，有意识掌握语言的愿望也变得更加强烈。这时，婴儿内部也出现了重大冲突，即意识反抗生理器官的斗争。这是在人的内部出现的第一次冲突，是人的各部位之间的第一次交战。让我以我自己的经验来说明这个问题。假如我有很多想法要说出来，为了打动听众，我想用另外一种语言来表达我的思想。但我用外语说话无异于无用的咿呀学语。我知道我的听众是很聪明的，希望同他们互相交流，但由于缺乏表达的手段而失去了这个机会。

儿童的大脑里其实充满了各种各样的想法，却像是茶壶煮饺子一般尴尬，有口说不出来。这时，儿童正处于一个戏剧性变化的时期，有生以来，他第一次感到失望。于是，他下意识地努力学习、独立探索，很快便能取得惊人的成功。一个试图表达自己思想的人，迫切需要一个发音非常清晰的教师。为什么家庭不能做到这一点呢？因为我们通常不是帮助儿童，而只是模仿他们的咿呀学语。如果儿童没有他自己的内部教师，他就不可能学会说话。正是其内部教师让他听成年人的相互交谈，即使没有谈论他时，儿童也要听他们的谈话。这促使儿童准确地掌握其语言，我们对此并没起什么作用。

有时我们看到有些人跟1岁的小孩子咿咿呀呀地对话，总觉得这个人童心未泯，非常好玩儿。但我们并没有充分认识到儿童的困难，没有意识到给儿童提供良好的学习机会的重要性。我们必须明白，儿童是通过自己掌握语法知识的，但绝不能因为这样，我们就放弃对儿童讲规范的语言，或者根本不帮助他遣词造句。

1～2岁的儿童处于语言发展的关键时期，这一阶段的儿童监护人需要具备语言发展的科学知识。通过对儿童的帮助，我们成了儿童的服务员和创造儿童的自然的协同者。而且，我们还发现儿童的整个学习计划都已制订妥当。

再回到原来的问题上。如果我想用外语谈一件相当重要的事情，但说起外语来又只是咿咿呀呀的，那我该怎么办呢？我很可能会发脾气，生气，甚至会大声嚷嚷。1～2岁的儿童也是如此。当他尽力用一个词语告诉我们某件事的时候，我们听不懂，他就会大发雷霆，沉溺在对我们好像是毫无意义的狂怒之中。事实上，我们常说："瞧！现在你可以亲自看一看与生俱来的人类天性的堕落。"

然而，他是一个被人误解而又正在争取独立的幼儿。由于还不会说话，他唯一能做到的就是发怒。但是，他有创造语言的能力。他的恼怒在于，尽管他尽了最大努力，还是没有找到恰当的词汇。不管怎样，无论是失望还是误解，都不会终止儿童的探索，他使用的相类似的词汇也逐渐增多。

大约在1岁半的时候，儿童就开始意识到，原来很多东西都有它特定的称谓。这表明，儿童已经能够从他听到的所有词语中挑选名词，特别是具体名词。到此为止，他已迈出了多么惊人而又崭新的一步啊！刚开始的时候，儿童只是说一些个别的词，心理学家称这是"一个词的句子"。这时孩子如果看到晚饭准备好了，就说："Muppet."意思就是说，"妈妈，我要吃晚饭。"这种简缩化语言的一个明显特征就是这些词语本身发生了变化。它们常常和一些拟声词联在一起，如狗的"汪——汪"声，或者这个词纯属生造。我们把它们统称为儿语。迄今为止，我们对儿语的研究还远远不够，只是局限于儿童照管人员的研究范围。儿童在这个年龄所形成的远远不只是语言，其中还形成了秩序感。这绝不是我们经常主观臆断的那种表面的或暂时的现象，它产生于实际需要。在其心理的积极形成阶段，儿童常常感到一种强有力的冲动力量，催促他按照自己的逻辑，把混乱的语言变得条理清楚。儿童的孤立无助是多么容易使他陷入精神上的痛苦。而我们对儿童语言的理解，这对于把他们从精神的痛苦中解救出来，使其内心趋于平静起着多么重大的作用啊！

　　事实上，这样的例子比比皆是。我们再来看一个例子，因为这个实例有助于说明这一点。这是一个西班牙儿童的故事。这个儿童想说"abrigo"（大衣），但他却经常说"go"，而不说"abrigo"（大衣）。他想说"espalda"（背），却经常说"palda"，而不说"espalda"。儿童说的这两个词"go"和"palda"产生于一种心理冲突，这一冲突使他尖叫和对抗。儿童的母亲脱掉了大衣，放在手臂上，儿童立即就尖叫起来，无论如何也不能安静下来。最后我建议他母亲穿好大衣，儿童果然立即停止哭叫了，还高兴地说"Go palda"，意思是说"现在对了，大衣应该披在肩上"。

　　我为什么要举这个例子呢？它主要表明了儿童对于秩序的那种强烈渴望，并且他们对混乱表现出强烈的反感。所以，我多次呼吁为1岁到1岁半的儿童建立特殊"学校"。我认为，所有的母亲乃至整个社会都不要把儿童孤立起来，要让他们有更多的机会去和成年人接触，让他们能够经常性地听到符合人们发音标准的最纯正的语言。

儿童的性格是如何形成的

前几章我们大多数讨论的是关于儿童心理、生理及行为等方面的问题，接下来我们不妨讨论一下有关儿童性格及其形成的一些事实。

大多时候，西方的教育都非常注重儿童性格的培养，虽然它没有说明性格的确切含义或指出应该如何训练性格。它认为，仅有智慧教育和实用教育是不够的，还必须有性格这个未知因素。这些足以表明，西方教育对于人格发展给予了足够的重视，他们很看重人性中的一些美德，诸如勇敢无畏、坚韧不拔、责任感强、与别人的良好道德关系等。道德教育一直被放在一个很崇高的地位。但是，尽管如此，在世界各地，人们对性格实为何物的观点仍然模糊不清。从古希腊到现在，从西奥弗拉斯塔斯到弗洛伊德和荣格，人们一致都在探讨这个问题，正如心理学家罗姆克所说的那样，"我们在这个问题上始终处于尝试性阶段"。尽管到现在还没有一个能为大多数人接受的概念，但每一个人都感觉到了性格的重要性。

最近的性格研究发现，性格包括身体因素、道德因素、智力因素、意志力、个性和遗传等。自从邦森1867年首次使用"性格分析学"一词起，近乎性格研究科学中一门新分支学科的性格分析学就一直在茁壮成长和蓬勃发展。对性格的研究一直是实验性的，缺乏精确的理论研究。专注于性格研究工作的包括许多优秀心理学家和科学家，他们对性格做了多方面的研究，但有一点令人不解，那就是大家研究的对象一直都是成年人，儿童却无人问津。尽管他们大谈特谈什么遗传即先天影响。结果，从遗传一下就跳到了成年期，留下了一个无人问津的空白，几乎没有人曾试图填补这一空白。

　　相反，我们的研究就从这里开始，从儿童的出生开始，并一直延续到儿童的发育。因为，只有充分了解到儿童的自然行为，才能够得到新的研究方向。它使我们把儿童的性格发展看作儿童自我努力的一系列结果，它与外部因素无关，它取决于儿童那旺盛的创造力和他们在日常生活中遇到的各种障碍。因而，我们就转为观察和解释本性对人的心理建设的作用。我们的研究必须从性格和个性皆为零的诞生之时开始，直到它们开始发展之时结束。因为，扎根于潜意识心理中的自然规律无疑是存在的，它们决定心理的发展，它们是人所共有的。相反，差别则主要是由生活的变化造成的，比如事故、挫折及个体在其发展道路上遇到的障碍所导致的心理退化。毫无疑问，像这样一种理论一定能够解释从幼年期到成熟的每一个阶段中儿童性格的情况，但是，此时此刻，我们暂且把儿童的生活作为一个基本的因素，并把它作为我们探讨个体之间各种差异的指南，这些差异是由他们适应环境的不同努力造成的。

当然，假如我们已经完全掌握这一理论，就可以按照人生的不同阶段对性格进行解释。不过，我们只需将儿童的生活作为研究的重点，并在此基础上对个性发展的不同形式进行研究，这样就能在生活环境的影响下进一步发展。很明显，我们只有认识到人的行为，才能更进一步地分析人的性格。正如前面我所提到的，个体在0～18岁的生活可以划分成三个时期：0～6岁、6～12岁和12～18岁；每个时期还可以再划分成两个更小的阶段。如果单独考虑这些时期，那么每个时期儿童的典型心理大不相同，以致它们几乎像是别人的特征。

第一阶段是个极富创造性的阶段，尽管刚出生的婴儿没什么性格可言，但是性格在此时已然形成，这个阶段对性格的发展极其重要，也是人生中最重要的时期。众所周知，尚在怀抱中的婴儿不可能受到榜样或外部压力的影响。因此，奠定性格基础的因素必定是本性本身。年幼儿童尚没有是非感，他还生活在道德观念之外。事实上，我们并不认为他很坏或邪恶，而只是认为他挺调皮，即他的行为很幼稚。因此，我们不能简单地用好或坏来评价他们的行为。只有在第二个时期，即6～12岁，儿童才开始具有是非正误意识，不仅是关于自己行为的是非正误意识，而且也是关于他人行为的是非正误意识。是非正误问题是该年龄阶段的特征，道德意识正在形成，此种意识以后会促进社会意识的形成。在第三个时期，即12～18岁，产生了热爱祖国的情感，它是一种归属某一民族群体并关心该群体荣辱的情感。

上面几个发展阶段还是有很大区别的，但是每一个阶段都不是独立的，上一个阶段都在为下一个阶段作铺垫。要保证第二阶段正常发展，就不能在第一阶段发生任何的偏差。这就好比是一只蛹和一只蝴蝶，虽然外表和行为方式大不相同，但是，蝴蝶的美丽却是来自它幼虫形态的生命，而不是来自它模仿另一只蝴蝶的努力。我们是通过现在而走向未来的，一个时期的需要满足得越充分，下一个时期的成功的概率就越大。

父母双方都是生命的创造者，因此他们都不应该酗酒，同时还不能有其他不良嗜好，要有一个健康的身体，否则婴儿便有可能在健康上有这样或那样的缺陷。因此，胚胎发育的方式取决于怀孕时起作用的各种条件。以后，胎儿可能会受到一些影响，但是，只受其环境的影响，即只受妊娠期母亲周围环境的影响。如果胚胎的条件极为有利，那么婴儿出生时就会身体健康强壮。因此，怀孕和妊娠对婴儿期生活都有影响。

婴儿在出生时受到的创伤将造成衰退，导致严重的后果，但是，不良嗜好和遗传疾病的危险更大，比如酗酒和癫痫。婴儿出生以后，我们一直在研究的关键期开始了。在最初 2 ~ 3 年里，儿童可能受到一些将改变其整个未来的影响。在这个时期，如果他受了伤害，或受过暴行，或遇到严重的障碍，那么就可能出现人格偏差。如果儿童能够在条件允许的情况下自由发展，性格肯定会正常的。假如我们在受孕、妊娠、婴儿出生和养育各个环节采取科学方法，那么 3 年之后，这就是一个非常健康的孩子。不过，这是一种最理想的状态，实际上这种理想从没达到过。因为除了其他一些原因之外，还有许多障碍的干扰。到 3 岁的时候，儿童彼此之间就有差别了，这些差别的大小不仅随着它们的严重性而变化，而且尤其是随它们出现的年龄的变化而变化。出生后遇到的各种困难所产生的变化没有妊娠期所产生的变化那么严重，也没有怀孕时起作用的各种有害影响所产生的变化那么严重。

假如一个儿童在0～3岁的时候遇到了一些发展障碍，那么他完全可以在3～6岁期间得到治愈。因为在这个时间段内，大自然正在全面培养和完善儿童的各种能力。在对于3～6岁儿童的研究中，我们学校的教育实践作出了杰出的贡献。据这些研究成果，我们就能够为儿童提供必要的帮助。也就是说，我们找到了更为科学的教育方法。但是，如果0～3岁期间所产生的缺陷没有得到及时纠正，那么它们不仅会继续存在，而且还会进一步恶化。因此，6岁的时候，一个儿童可能还带有3岁以前产生的偏差和3岁以后获得的其他缺陷。6岁以后，它们将影响人生主要的第二个时期的发展及正在发展的是非正误意识的发展。所有的缺陷都会在人的心理和智力上留下阴影，这是毫无疑问的。如果前期形成了缺陷，6岁儿童的潜能在第一阶段没有得到发展，在第二阶段发展起来就十分困难。在这样的孩子身上，就不会有这个年龄孩子应有的道德特征，而且智力发育水平也与同龄人有差距，甚至无法形成自己的性格，难以适应学习的需求。在最后一个时期，除了这些缺陷以外，他的不足还会导致其他一些失败，这样他将一事无成，而这并非他自己的过错。

我们为每一个儿童准备了一份档案，在这一点上许多重视儿童发展的学校也是这样做的。这样可以完全记录孩子的身体和心理发展的情况，这些档案有助于教师熟悉儿童在每一个阶段的发展状况，了解他们面临的心理问题，并采取适当的救治措施。这份档案中，我们记录着父母所患的遗传疾病，儿童出生时父母各自的年龄，及有关母亲妊娠期间生活的信息——她是否出过事故，是否跌过跤，等等。还有母亲的分娩是否正常，即婴儿是否健康，或者母亲是否晕厥过。其他问题是关于儿童在家庭里的生活情况，父母是否过度焦虑或过分严厉？儿童是否受过任何恐怖或其他什么惊吓？如果他是一个困难儿童或任性儿童，那么我们就可以到他迄今所过的生活中去寻找导致这种结果的原因。我们学校接收的3岁儿童几乎全都有某种缺陷，不过这种缺陷是可以纠正的。

儿童的性格缺陷有许多类型，需要以不同方式进行治疗。为此，我们把这些缺陷分成两类：强型儿童（他们反抗和克服所遇到的各种障碍）表现出来的缺陷和弱型儿童（他们屈服于不利条件）表现出来的缺陷。

强型儿童的缺陷有任性、暴力倾向、暴怒、不服从和进攻性，不服从表现得很明显，是一种所谓的破坏性本能。占有欲很强，它会导致自私和忌妒；目的不稳定（年幼儿童中极为常见）；不能集中注意力；双手动作的协调比较困难，因此他们很容易掉落或打碎东西；心理混乱；常有非分的想象。这些儿童可能大声喊叫、尖叫；一般都爱喧闹。他们干扰和揶揄别人；常常冷酷无情地对待弱小儿童和动物。在餐桌上他们一般都很贪婪。

弱型儿童的缺陷是非常消极、懒惰和无聊，想要什么就要什么；试图让别人服侍他。他们总是希望别人使其快乐，但又很容易厌倦。他们发现一切都很可怕，因而他们依附成人。他们经常撒谎或偷拿东西，等等。

这些心理上的毛病通常都会引发生理上的一些问题。比如，孩子往往不爱吃饭，有的完全没有胃口，有的永远感到吃不饱，最终导致消化不良；这种孩子还经常做噩梦，害怕黑暗和独处，睡眠非常不好，甚至会患肝脏或者贫血等疾病。此外，这类儿童还往往有神经方面的问题。以上这些生理疾病，主要是心理问题所致，药物很难见效。

这是因为某些障碍影响了儿童的正常发展，导致身体疾病和性格缺陷。不论是哪种缺陷类型的儿童，都不受成人的喜欢，尤其是那些强型儿童，更令他们的父母大伤脑筋，这些父母总是想办法摆脱孩子，都乐意把他们托给保姆喂养，或把他们送到学校里。他们成了父母双全的孤儿。他们心理有疾病，但他们的躯体却很健康，这不可避免地会导致他们的恶劣行为。父母们对他们毫无办法。有的父母寻求他人的建议，而有的父母则试图独自解决这些问题。有时候他们决心给儿童一点颜色看看，以为这样会解决一切问题。他们使用了所有的手段：拍打，呵斥，让儿童饿着肚子上床睡觉……但是，这只能使儿童的缺陷更加恶化，变得更加顽皮，或者采取同种缺陷的消极形式。于是，父母又尝试使用机智的说服教育，晓之以理，动之以情："你为什么要让妈妈感到这么不愉快呢？"最后，父母们失败了，因而停止了忧虑。

弱型儿童的情况可能与此大相径庭，他们往往引不起别人的关注。这些儿童的行为大概不会存在什么问题，父母觉得他们都很听话，认为他们是好孩子；尽管这些孩子过分依赖父母，总是赖在他们身边，但他们安静无比，从没有找过什么麻烦，所以母亲就觉得这是件好事。她们会说，他非常爱她，没有她，他就不能上床睡觉。但是，后来她发现，他的动作和言语都很迟钝缓慢，他站立不稳。她说："他很健康，但他非常敏感。一切都会使他感到惊恐。他甚至对食物也不感兴趣。为了让他吃饭，我老是得给他讲一个故事。他肯定会成为一个圣徒或诗人。"但是，最后，她确信他有病，因此就去请大夫。这些心理疾患让儿科医生们发了大财。

如果以上这种孩子的父母学习过一些幼教知识，或者参加过我们的一些培训，定然不会出现上述这种情况。因为我们都知道，儿童的性格缺陷来自父母的错误做法。如果父母在这一时期忽略了儿童，孩子就得不到足够的机会去充实自己的大脑，而饥饿的大脑会产生许多问题。另一个原因是缺乏受创造性冲动驱使的自发活动。这些儿童几乎都没有全面发展的条件。他们经常被孤零零地丢在一边，无所事事，只有睡觉。或者就是，成人越俎代庖，替他们把一切都做好，从而阻碍他们完成其活动周期。结果就使他们产生了被动性和惰性。虽然他们看到过和渴求过许多东西，但是仍然没有什么东西可供他们玩耍，因为只有在他们手中的东西，他们才会观看。但是，最后，当他们终于成功地拥有一朵鲜花或一只昆虫的时候，他们却不知所措，因此他们往往把它弄得粉碎。

许多儿童会在这时候表现得手足无措，也会毫无缘由地产生一种恐惧感，这种情况能够在早期的生活中找到原因。我们的学校得以广为普及的一个主要原因是，在学校里，儿童的这些缺陷消失了。在这里，他们可以积极探索环境，可以自由发挥自己的能力，促进心理的发展。因为有许多有趣的事情做，所以他们能够随心所欲地重复这些练习，并且能够不断地集中注意力。一旦儿童达到这个阶段，并且能够工作和专心致志于有趣的事情，那么他们的缺陷就会立即消失。这一结果使我们懂得，他们以前的那些缺陷是习得的，而不是天生的。他们之间也不存在明显的差别，只不过一个儿童撒谎而另一个儿童不听话而已。但是，所有这些缺陷都是由一个简单的原因造成的，这个原因是：精神上的营养不足。

究竟应该给孩子的父母提什么建议呢？孩子需要生活在能够引起兴趣的环境中，他们实际上不需要母亲给予太多的帮助，母亲的一些帮助有时甚至不利于孩子的成长。过分的关爱、过度的严厉都会使孩子的精神处于极度饥饿的状态。这就好比对待一个挨饿受冻的人，我们对他又打又骂或者劝他们心情好起来，这些都是不切实际的做法，因为此刻他们需要的是食物，其他任何东西都没用。同样，无论是严厉还是慈祥，都不能解决该问题。人是一种有智慧的动物，因而对心理食粮的需求几乎大于对物质食料的需求。不像动物，他必须建立自己的行为。假如儿童能够解决自己应该做的事情，以此来完善自己的个性，那么一切都会正常，不会出现任何问题。即使他们曾有什么问题，现在也会消失。厌食或者噩梦都将永远成为过去式，他们现在已经完全走上了正确的轨道。

事实上，很多问题不是单纯依靠道德教育就能够奏效的，因为性格形成过程中总会存在着形形色色的问题。千万不要以道德的名义对儿童威逼利诱，不要奢望那样能够给儿童带来什么，如果非要说会带来什么，那一定是伤害。我们仅仅需要给孩子提供一个正常发展的生活环境，这就已经足够。

性格需要儿童自己培养

就像我们上一章所说，儿童构建自己的品格，培养其令我们所爱慕的那种品质。这些显然都不是由于我们榜样的作用而形成的，我们也无法教导他如何形成。这些都是儿童 3～6 岁时通过自己的行为逐渐形成的。性格的形成也不是完全随意的，儿童的性格更是如此。我们要做的就是将教育建筑于科学的基础之上，以便于儿童能够高效地工作，不受干扰和阻碍。成人对儿童的性格发展无能为力，最多只能在他们的性格形成之后，能够理会成人的教育时，通过说理和劝告对他们的思想施加影响。只有儿童到了 6 岁，成人才可以对他进行说教，6～12 岁，儿童才具备分辨善恶的能力，也只有这时儿童的良知才起作用。到 12～18 岁，儿童已经有各种各样的想法，此时我们才能够像对待成人那样向他们传授一些东西，类似于宗教的布道。令人感到遗憾的是，这些只能在儿童 6 岁以后进行，此时他们的性格和个性已经形成，无法通过自然的方式进行塑造了。这时我们会发现，孩子们已经难以接受我们的思想了，尽管我们渴望对他们施加更多的影响，我们的作用也只能是间接的，无法直接对他们施加影响了。

许多年轻的老师喜欢抱怨，尽管他们非常敬业，耐心地给孩子们讲解科学、文学等科目，但是孩子们却无法听进去，这不是孩子的智商不够。只有那些成功地保持了某些或全部天赋的人，才能够拥有个性并真正学到东西，遗憾的是这样的人是极少数。大多数刚进学校的孩子都不具备这样的性格，到了这个时候，再要求他们集中注意力已经晚了，因为他们难以做到这一点。如果他们在此之前没有形成认真的品质，提出这样的要求又有什么用呢？打个比方，我们这样要求孩子，就好比对没有腿的人说："要好好走路！"这种能力是在早期发展中逐渐形成的，我们无法要求他们具备这种能力。

既然如此，父母到底应该怎么办呢？通常我们会得到这样的回答："对待年轻人要充满耐心，我们要努力给他们施加影响，为他们树立榜样。"我们把希望寄托在时间和我们的耐心上面，认为总会有所收获。但实际上，我们什么都没有得到。随着岁月的流逝，我们的容颜逐渐苍老，但仍不会有什么收获。时间与耐心并不能独自发挥作用。我们只有利用创造期所提供的机会才能取得成效。

我们应该把人类看成是一个有机的整体，平等地对待儿童、老人和自己，这样才能够在内心深处感受到人类的一些共通的东西，就是人人都有一种自我发展的倾向，虽然许多人对此没有明确的意识，这种倾向却在潜意识里支配着他的生活。个人及社会都是如此，都有一种不断进步的倾向。无论如何，人类总是会朝着好的方向发展。换句话说，人类的行为不是一成不变的，它总是处于发展之中，因为，无论自然界、非智慧生命还是人类，都有一种向前发展的倾向。

　　下面这个图，中心圆圈表示的是一种完美的状态。环绕这个圆圈的第二个圆圈，代表着那些比较顽强和注重平衡的人，也就是那种接近完美或者属于"正常"类型的人。第三个圆圈区域表示各种不同程度的尚未达到正常的大多数人。最外面有一个较小的区域，表示超出正常范围的人，他们是一些超社会和反社会的人，这些人都无法很好地适应社会生活。除了这一小部分人之外，其他所有人都适应了生活，虽然存在很大程度上的差异。我们所说的教育，就是针对所有这些人而言的。

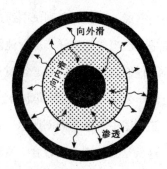

向美好社会类型和向低级社会类型人趋向图

　　中间的圆圈代表的是一些接近完美的人，这些人强壮无比，不仅因为他们天赋充分，拥有更多的精力，还由于他们有一个好的生活环境。外面那个圆圈代表那些次于他们的人，这些人的精力相对较弱，而且生活中会遇到更多的障碍。

　　在整个社会生活中，那些有大成就的人都具有最坚强的性格，那些性格较弱的人则倾向于滑向外圈。这些人自制力较差，经不起诱惑。他们需要道德力量的支持，以便摆脱堕落的诱惑。这种诱惑能够带来快感，也会产生很大的心理压力，因为谁也不想成为罪人。但是，对这些软弱的人来说，堕落的诱惑如同地球引力一样无法抗拒，他们要保护自身，就需要道德力量的支持，进行不断的斗争和反抗。这些人想方设法约束自己，防止自己沦落下去。他们努力向那些受人称道的人看齐，把他们当作自己的楷模，或者虔信宗教，克服这种可怕的诱惑。就这样，这些人逐渐在自己身上披上了一件道德外衣。这需要极大的自我克制力，因为这种努力是对本性的伪装，不是轻松愉快的事情。这些人如同登山者一样，必须用力攀住一块石头，才能支撑身体的平衡。年轻人会感受到这种可怕的空虚，而教育者则试图通过树立榜样来帮助他们。教育者总是把自己当成是榜样，尽管他们有时也会感受到欲望和空虚的恐怖。他们总是说："我必须树立一个好榜样，否则我的学生将来会是什么样子？"这种沉重的包袱压在他们身上，让他们喘不过气。正如图中第三个圆圈所示，教师和学生都属于这种有道德的人。这就是我们现在的教育，我们的性格和道德教育就是在这样的环境里进行的，我们已经接受了这种教育方式，因为绝大部分人都受到了同样的限制。一句话，道德被认为是人的本能要求，人自然要防止自己堕落。

　　第二个圆圈代表的是强烈地趋向完美的一类人。这里没什么吸引力，但是他们更想变得完美，这是一种真诚的愿望。这些强健的人不会偷别人的东西并非因为害怕惩罚，他们就是那么高尚，连随手拿别人一个瓶子的想法都不会有；他们远离暴力，也不是因为受到道德的束缚。简单地说，他们不需要别人的东西，他们憎恶暴力，渴望完美，因为这符合他们的天性。他们对于完美的寻求不是一种牺牲，而是一种追求，仿佛这样能够满足他们最强烈的渴望。生活就是这样，很多人愿意遵守前人的规矩或者习俗的戒律，或是寻求精神导师的指导。但是，图中中间区域代表的人不是这样，他们都是一些不受诱惑的圣人。这些人不需要任何人的说教，因为天性使他们自觉遵守这些戒律。

健康状况的不同，可以区分出强健者和软弱者精神上的差别。比如，患有慢性气管炎的人不得不靠温暖的毛衣来保护胸部，不得不经常洗热水澡和为促进血液循环而按摩。尽管这个人表面上看不出什么问题，但是他却时时小心谨慎，注意很多问题。另外，这些人的消化功能可能也不好，要想维持体力就必须吃补品和药物。

这些人与其他人并没有什么不同，只是在生活上过得小心翼翼，生怕进医院或者死亡。他们的生活完全受制于医生的叮嘱，需要护士的看护或者家庭的帮助。请再来看看那些身体健康的人吧，他们生活上不会受任何限制，想吃什么就吃什么，在任何天气都可以进行户外活动，甚至可以凿开冰块进行游泳。然而其他人却都躲在家里不敢出门。对于第三个圆圈之中的病弱者来说，精神上的良师益友是十分必要的，以阻止滑向诱惑或者堕落的深渊。但是第二个圆圈里的人就不需要这些帮助，生活给他们带来的只有快乐。

现在我们再来考虑一下完美圈的一些情况。我们必须努力把品格建立于事实的基础上。什么是完美？是拥有各种美德，还是达到了某种精神境界？如果是某种高超的精神境界，这种境界又是怎样的呢？我们必须把这个问题弄个水落石出才行。上面已经讲过，性格总是约束人的行为，而且不断朝着某个方向发展，这对于所有的人似乎都一样。这就好比人类社会也在不断进步一样，这是一种自然规律。所以，我们现在有必要讨论一下最核心的问题，因为人的完善就是人类发展的目标所在。在科学领域，只要有人做出新的成果，技术就会被推进一步。精神领域也是这个样子，只要人的精神发展到另一个阶段，便是人类对整个社会的一种推动。因为生命本身就有一种前驱的力量，促使人们不断前进，不停地追求自身完美。

中心圆圈的人就是一种很好的代表，他们充满自信、斗志昂扬，也没有不必要的欲望，从不努力去抗拒什么诱惑。总之，从品格角度而言，第三个圆圈里的人太多了，他们需要用拐杖来支撑自己。如果教育仍旧一如既往，人类的水平甚至还会降低。

假如我们认真观察过学校的教育，就会发现其中存在着非常多的问题，特别是贫乏和单调性。很多教育是令人感到屈辱的，它培养了人的自卑感，人为地降低了人的各种能力，甚至限制了学生对知识的掌握，使其大大低于自然的水平。它给能够快步如飞的人提供拐杖。这是一种建立于人的较低能力而不是较高能力基础上的教育。如果人类的大多数不能趋向完美，这也是人为的过失，因为他们的品格的形成在构成时期受到了阻碍。我们不得不努力重新让我们的儿童能够运用他们的创造力。到那时不属于完美圈的第二个圆圈里的人也会趋向完美；不是为了准备自卫，而是去占领，去征服第三个圆圈。如果在人的整个生活中心理的建构只能有一次，如果那时心理构成不能出现，或由于不良的环境而使心理构成情况糟糕，那么就不必惊奇大多数人发育不全。

但是如果品格能按自然的形成方式发展，如果我们不是进行道德说教而是给他们以积极行动的机会，那么世界就会需要一种完全不同的教育。

传统教育的最大功劳就是将人培养成一个个谦谦君子，他们知识底蕴深厚并且富有道德感，可是这些人的能力却往往遭到人们的质疑。一旦我们能够唤起人类的激情，情况就大不相同了。人的性格是在一个特定阶段里形成的，如果错过这个发展阶段，它就永远无法完成，任何说教都无济于事。

我们需要在适当的时间帮助人们建立起优秀的品质，充分发挥出人性的力量，这样人们才能将目光放得更远。

孩子的意志教育

————————

　　当小孩子们在众多的物品中挑选出他所喜爱的东西时；当他从餐柜中取出东西，然后又放回原位时；当他梦寐以求的某些器械正被他人玩耍而一直要等别人放到一边时；当他长时间聚精会神地做练习并纠正教材里他认为有错误的地方时；当他在安静训练中屏息凝神，一动不动，直到听到他的名字时才站起来，小心翼翼唯恐脚碰到桌椅并发出声响时，这些举动已经体现了他的意志。在影响孩子发挥才能的因素中，一直在起作用的也正是意志。

　　我们不妨来分析一下意志的一些协同因素。

　　每个人的意志都能够从他们的行动中体现出来。比如说话、办事、走路或者睁眼闭眼，他都被"动机"所左右。意志也可以抑制行动的发生，抑制出于愤怒的冲动，阻止自己想从别人的手里攫取自己所好的欲望，这些都是自愿的行动。因此，意志不是导致行为的简单冲动，而是对行为理智的引导。

　　如果我们没有采取任何行动，当然也就无法体现出来。设想一下，一个人想做好事但又举棋不定；一个人想着将功赎罪却无心去立功；一个人想外出采访却始终没有跨出脚步，他显然没有服从意志的安排，而是始终处于想象的阶段。一切归诸行动，关键在于行动。"通往地狱的路是由良好的愿望铺成的。"意志的生命就是行动的生命。我们所有的行动代表了冲动和抑制因素的合力。经过行为的不断反复，这种合力几乎可以成为习惯性的或无意识的。事实就是如此，当我们在评论一个人是否有教养时，他的所有习惯性动作就属于此种情况。我们也许会因为一时冲动而去拜访某位朋友，但当我们忽然想起来今天他没时间时，这种念头就会打消；当你正在房间某个角落优雅舒适地喝着咖啡的时候，一位德高望重的女士向你走来，你就会下意识地站起来，向她鞠躬或者握手；我们邻居吃的蜜饯正是我们想吃的那种，但我们却很小心不让人看出来。我们的行为并不仅仅是由冲动和厌烦所支配的，也是我们认为有礼貌、有教养的绝好表现。一方面，如果没有冲动，我们就不可能参加社交活动；另一方面，如果没有抑制，我们就不能修正、引导、利用我们的冲动。

正是在这两种截然相反的力量之间，我们找到了相互的平衡作用，进而用心来培养我们的习惯。我们做这些不会意识到需要什么努力，也不需要用推理或知识去完成它们。它们几乎成为一种习惯性动作。但是，产生这种习惯性动作的并不是本能，而是习惯。我们知道一个人在成长过程中没受过遵守一定的规则的教育，而只是匆匆忙忙接受了一些纪律方面的知识，他会经常犯大错或过失，因为他是被迫在某时某地"执行"自发行为所需的所有协调动作，并在警觉和意识的控制之下指导这些动作，这种长期不断的努力根本无法与具有高雅风度的人的"习惯"相比。对于后一种人来讲，意志会在意识之外或其边缘进行不断调整，以使自己拥有新的发现和做出更大的努力。和成人相比，儿童是一个发展还不太平衡的小生命，他们往往容易冲动，并使自己吞下由此带来的苦果，他们有时还会屈服于抑制力。在儿童身上，意志的两种截然相反的力量还没有融为一体，还没有为他塑造出一种新的个性。直到心理萌芽时期，这两种力量仍然处于分离状态。不过我们不应放弃努力，因为这种融合以及相互适应是一定会发生的，并将在他的潜意识中起到支持作用。

所以，我们应当尽早诱发孩子们的积极行为，因为从人的发展上来说这是最根本的。需要提醒大家的是，我们的目的不是将孩子培养成一个早熟的小绅士，而是要促进他锻炼自己的意志，更早地建立抑制和冲动之间的相互联系，为此，我们应该让孩子和小朋友们一起活动，从日常生活中锻炼他们的意志。让他专心致志于某项工作，并抛弃一切与完成此项工作无关的活动。让他选择力所能及的有益于肌肉协调的运动，并坚持下去，直到使这种肌肉协调的动作成为习惯。他开始懂得尊重别人的工作，他耐心地等待想要的东西而不是从别人手里抢东西，他四处走动时，既不会撞倒同伴，也不会踩到他们的脚，或者把桌子弄翻，这些都表明他正在锻炼自己的意志，正在努力使冲动和抑制趋于平衡。这种态度的形成便是孩子在为融入社会生活做准备。

如果不是这样，我们只是让孩子们整天像机器人一样呆坐在那边，彼此之间不准互相说话或者交流，没有任何发生联系的可能性，那孩子们的社会活动能力自然得不到有效提高。只有通过自由交往，让孩子们彼此之间进行相互适应的训练，他们才能建立起社会的概念。仅仅对他们进行应当怎么做的说教，是无法达到培养意志的目的的。要让孩子们的举止优雅得体，只向他们讲一些耳熟的、老套的"礼貌""权利与义务"等观念是不行的，也会增长他们的逆反心理。就像我们不可能只对一位专心致志的学生讲述弹钢琴的指法就能让他弹奏出贝多芬的奏鸣曲一样。在所有类似的事情上，要使孩子发展定型，最根本的一点就是锻炼他的意志力。

善于调动孩子所有有用的机制，非常有益于孩子早期性格的教育。就好比运动一样，让孩子们做体操是非常有用的，因为没有得到锻炼的肌肉是不可能完成需要肌肉力量的运动的。甚至为了保持心理活动的能动性，类似体操的运动也很有必要。没有得到锻炼的机体是不完整的，一个肌肉无力的人一定不愿意从事各种活动。当需要采取行动脱离危险时，他就只有死路一条了。因此，一个意志薄弱、"意志低下"或者"丧失意志"的孩子，会很快适应一所让所有的孩子都呆呆地坐着听或假装在听的学校。但是，许多这类孩子的结局是在医院里治疗神经错乱，他们的学校通知单上往往有如下评语："表现优秀，学习进步。"对于这样的孩子，一些教师总这样说："他们真乖。"这样，这些孩子便可免受任何干扰，从而可不受打扰地沉浸在虚弱之中，就像被流沙吞没一样。而那些生性好动的孩子，却被当作是制造混乱的人，被斥为"调皮精"。他们的好动还被进一步指责成侵犯其他同学的利益，而他们的"侵犯"往往是这样的，千方百计使处于静止状态的同学激动起来，以便融入他们的队伍。另一个极端是受到抑制力支配的孩子，他们常常害羞到了极点，在回答问题的时候也犹豫不决，即使给他们施加一些外部刺激，勉强回答了问题，但声音很小，有的在答完问题后居然会哭起来。

对于以上三种类型的孩子，有必要让他们参与自由活动的锻炼。一个意志薄弱的孩子看到其他孩子在进行有趣的运动，会给他带来最有益的刺激。当孩子们从被监视的状态解放出来，并按照自己的意愿自由行动时，这种有规律的训练会使他们在过于好动与过于抑制之间找到一种平衡。这也是使全人类获得解放的重要途径，它使弱者获得力量，使强者更加完善。缺乏冲动和抑制之间的平衡不仅是病理学中一个常见的事情，而且在正常人当中也不新鲜，虽然这种程度没有那么严重，但其常见性则与我们在社会外部领域中所遇到的教育的种种不足和缺陷有关。

冲动是魔鬼，它常常给人造成危害，同样也会让正常人因为轻率的行为而痛苦不堪！大多数情况下，容易冲动会给人们带来莫大的伤害，使他们的事业遭遇挫折，而且自己的才能也得不到施展。他像遭受一种本来可以避免的不幸一样，受到一种清醒的劳役的折磨。一个从病理学上讲是他自己抑制力的牺牲品的人肯定是更不幸的受难者。他虽然只是静止不动保持着安静，内心却渴望能够活动。无数次得不到满足的冲动折磨着一个想从事艺术和工作的灵魂。为求得医生的帮助，或求得高尚灵魂的安抚，他多么希望倾诉自己的不幸，他感到了一种被活埋的可怕的压抑。有多少正常的人经受过同样的痛苦啊！他们一生中有许多恰当的时机，让他们表现自己的价值，而他们却没有这样做，多少次想表达自己的真实感情，扭转困难的局面，但是心扉已经关闭，口中也就保持了沉默。他们多么热切地盼望向某个能够理解他们，

启发他们，安慰他们的高贵的灵魂倾诉啊！但是，当他们面对这样的人时，却一句话也说不出，他们唯一的回答是内心的苦恼，

"说吧！说吧！"他们意识深处的冲动说道，但抑制却像不可抵抗的自然力量一样无情地塞住了他的嘴巴。如果想治愈这种病症，没有什么其他办法，只能通过自由运动的教育，让他们的冲动抑制达到相互平衡。

需要说明一下，那种潜意识里能够采取正确行动的人，并非我们所讲的那种有意志的人，因为，意识不干预其他自发的需要。一位很有修养、出身非常高贵的女士也许是一个"毫无意志""毫无个性"的人，尽管她或许已经获得产生外部事物的机械意志的最严格的机制。有一种自发的基本品质，人与人之间的表面关系和社会大厦都建立在此之上，这个品质就是"连续性"。社会结构是建立在人能够不断地工作，能在一定的范围内生产这样的事实基础之上的。一个民族的经济平衡也是建立在这种基础之上的。作为人类繁衍基础的社会关系是建立在依靠婚姻关系而存在的父母不断结合之上的。家庭和生产，这是社会的两大支柱。它们立足于最伟大的意志品质：坚定性或持久性。

这种品质是一个人内在个性和谐的象征。没有它，人的生命就像是一个分离成单个细胞的身体，而不是一个互相联系的有机整体，就像许多不连贯的插曲处于一种混杂的状态。这种基本的品质体现了个人的情感和思想的脉络，即他的整个个性时，它就是我们所说的"性格"。一个有性格的人就是一个坚定不移的人，一个忠实于自己的言行、信念和感情的人。恒久性的这些不同表现的总和代表了巨大的社会价值：坚持不懈地工作。

比如一个堕落的人，他在萌生最初念头之前，在失足之前甚至在放弃高尚的信仰之前，往往表现出懒惰或不能持久工作的迹象。一位忠厚老实、举止得体、开始蒙受大脑疾病折磨的人，在表现出暴力动机，或行为上的失常，或任何神志不清现象之前，总有一种先兆：他不可能再专注于工作。人们都认为勤劳的姑娘会成为贤惠的妻子，一个好工人是一个忠厚老实的人，能给妻子带来好运。这个"好"指的并不是能力，而是坚持不懈、不屈不挠。例如，一个在制作小工艺品方面有高超技艺但缺乏工作意志的冒牌艺术家，不会被认为有什么了不起。大家都知道他不仅不能兴家立业，反而可能会成为一个不称职的丈夫、父亲、危害社会的公民。相反，一个最谦卑的虔诚工作的手工业者，他的内心却充满了创造幸福和宁静生活的要素，就像人们议论的，他是有个性的人、能够征服世界的人。

一个在精神生活中建立起内在秩序与平衡，使个性得到发展，并在这一过程中坚持不懈的孩子，他将能够和成人一样造福于集体。这位专心致志地对自己进行训练的孩子，正在全力将自己打造成一个坚定执着的人，一个个性十足的人，一个优秀全面的人。他正在努力追求那个基本的特征：坚韧不拔地工作。只要孩子能坚持不懈，那么，他选择什么工作都一样。因为具有价值的东西并不是工作本身，工作只是培养和丰富人的内心世界的一种途径。

不要轻易去打扰孩子，哪怕你认为有更重要的事情需要孩子去做；也不要随意改变孩子的学习兴趣，哪怕你认为地理比数学更有助于提高孩子的修养。这样做只会混淆了目的与手段的关系，这些人为了虚荣而毁了孩子的前途。需要指导的不是一个人的修养，而是人本身。

　　如果说有韧性能够坚持是意志在起作用的话，我们所做的决定就可以视为通过意志所采取的行动，为了完成有意识的行动我们就必须做出决定，而决定总是选择的结果。我们如果有几顶帽子，那么，我们出门时就必须决定戴哪一顶，褐色的还是灰色的都无关紧要，重要的是我们必须选择一顶。因为在做这样一个选择时，我们得有自己的动机，不论这种动机是偏爱灰色的，还是褐色的。最后，某一动机占了上风，就做出了选择。显然，戴帽子出门的习惯使我们的选择更加容易。我们几乎觉察不出哪一种动机在我们头脑里起作用，这是一个微不足道的问题，丝毫没有任何努力的迹象。我们的有关哪一顶帽子适合于上午戴、下午戴、到剧院戴或是去运动场戴的知识，使我们不会有什么内心冲突。但是，如果我们要花钱买件礼物，情况就大不一样了。从可供选择的琳琅满目的东西中我们到底选择什么呢？我们如果对这些东西知之甚少，便会担心。我们想选择一件艺术品，但对艺术不大懂行，就怕被骗或出丑。我们不知道是选择一条彩带呢，还是一只银碗更合适。于是我们觉得需要有人对这些我们不了解的事情加以指点，我们便去求教。

　　当然，别人的意见只是一个参考，它只是让我们选择的时候多了一些帮助，与我们意志上的努力是分不开的。意志是我唯恐失去的东西，它与做决定所必需的知识不同。我们在听了一个或几个人的建议后做出的选择带着我们自己的印记，是我们自己的决定。一位家庭主妇为客人准备晚餐所做的选择也是同样的道理。她对这种事情经验丰富、鉴赏力高，因此在做这种决定时很愉快，并不需要外来的帮助。但是，并非每个人都是那么有决断力。大部分时候我们做出决定都需要开动一下脑筋。所以意志薄弱的人就会像避免一件令人厌烦的事一样，竭力避免去做出选择。如果可能，这位主妇将决定留给厨师来做。而对于一个服装师来说，选择某种礼服需要从众多动机中选择适当的动机，必须三思而后行。服装师知道这种决定只有经过一段较长时间的犹豫之后才能做出，便说选这件吧，这件您穿太合适了，这位夫人点头同意。与其说是服装使她感到满意，倒不如说她想不动脑筋就做决定。我们的一生就是不断做出选择的一生。我们锁好房门出去时，清楚地知道锁门这个动作，确信房间已安然无恙，才决定出去。

我们只有加强这方面的训练，才会让自己变得更加强大，从而摆脱对他人的依赖。清晰的思维和做出决定的习惯的机体结构，给我们以自由感。将我们束缚于屈辱的奴隶状态的最沉重的锁链，莫过于无力做出自己的决定，以及由此导致的必须依赖别人。怕犯"错误"，怕在黑暗中摸索，怕承担我们不一定认识得到的错误后果，使我们像一条拴着链子的狗似的跟在别人后面。最后就会完全陷入依赖的泥潭。如果没有人出主意，我们甚至连一封信也不会发，一块手帕也不能买了。

在这样的状态下，一旦有什么突发事件发生，需要我们当机立断时，性格懦弱的人就会显得犹豫不决，因为他们已经习惯了尾随于意志坚强的人的后面。我们看到，他已经不知不觉地被梦魇般的屈服所缠绕，他已经向将给意志薄弱者带来灭顶之灾的深渊迈出了第一步。因此，青年人越居于服从的地位，越无能力锻炼自己的意志，就越容易成为这危机四伏的世界的牺牲品。

最好的办法就是勇于抗争，而不是逆来顺受，这种锻炼其实就存在于我们的现实生活之中。举个例子，一位家务缠身，任何事情都习惯于自己做主的家庭妇女，就比一位还没有孩子，整天无所事事，懒洋洋地打发时光，习惯于服从丈夫意志的女人更能适应社会。擅长做家务的那个妇女如果不幸成了寡妇，由于日常的锻炼，她依然可以接手丈夫曾经的事业；而后者即那位类似于寄生虫一样的贵妇人，可能要另寻保护了。因此，一个意识到要靠自己拼搏的人，就会像一个职业拳击手那样，拼命地进行拳击或者决斗的训练，以增强自己的力量和技巧。他不可能整天把双手抱在胸前，祈祷上苍的垂青。这是再明显不过的道理，如果那样整天无所事事，他只会成为一个失败者，或者就在别人的保护下苟活，这在现实生活中的可能性微乎其微。

了解儿童智力发育的特点

————

　　智力的一个重要表现就是能够区别地对待周围的事物。这也就是说，在工作上要能够安排身边的事情，在生活中要能够为创造事物做准备，创造一定要有条不紊地进行。也许，在没有准备好的情况下，上帝是不可能开始创造的，而他应该做的准备工作就是在混乱中建立秩序。"上帝把光明与黑暗分开，然后说，让江水汇集，让大陆出现。"意识中的内容可能十分丰富多彩，但是，如果一个人的思维一直处于混乱之中，他的所有智力活动就会处于停滞状态，智力的闪现就像点亮一盏灯火一样："让世界充满光明吧，它能够让你在这个世界上明辨是非，让你认清事物的本来面目。"因此，我们可以大胆地说，促进一个人的智力发展就是要帮助他把意识中的意向进行有条不紊的分类。

　　换句话说就是，在教学中，我们必须把孩子们的意识限定在教学目标上，比如，在进行感觉教育的过程中，我们就应该把孩子们的感觉限定在她希望孩子们进行的练习上。为此，我们就需要具备专门的技能。教育者必须"尽最大可能减少对孩子的干预，但是，我们不能让孩子在为自主教育所做的不恰当的努力中疲惫不堪”。

在此，我们必须能够敏锐地感觉到这样一些因素，如个体的局限性以及感知的不同敏感度等。也就是说，我们的个性对于干预的效果有很大影响。我们工作中确定无疑的部分就是教授准确的命名法。在大多数情况下，我们应该不作任何添加地读出那些必要的名称和形容词。在读这些词时，我们必须发音清晰、声音洪亮，以使构成这个词的每一个音节都可以被孩子们清楚地听到。

比如，在刚开始进行触觉练习时，在触摸光滑和粗糙的卡片时，我们应该说："这个是光滑的，这个是粗糙的。"并且要进行重复，要使声音清晰、发音准确。"光滑，光滑，光滑；粗糙，粗糙，粗糙。"按照同样的方式，在进行关于冷和热的感觉教育时，我们必须要说："这是冷的，这是热的；这是冰冷的，这是温的。"然后，我们才能使用一般的词：热、火热、温热等。

首先，"教学当中必须包含能够使名称和物体之间产生联想的内容，或者是能使名称与名称所代表的抽象概念之间产生联想的内容"。所以，当孩子在头脑中接受的时候，物体和名称必须是结合在一起的，这就要求除名称以外不能牵扯到其他词汇。其次，我们必须要检查预期的教学目标是否达到了，并且这种检查一定要限定于由关于名称的课程所引起的意识范围之内。进行的第一个检查就要了解名称和物体在孩子的头脑中是否还保持着联系。我们必须要考虑在检查和课程之间留出一小段安静的时间。然后，要清楚而缓慢地说出所教过的名词或者是形容词，我们可以问孩子："哪一个是光滑的？哪一个是粗糙的？"

孩子们会用手指指向物体，我们就能知道孩子是否已经建立起了联系。但如果孩子没有这样做，也就是说，如果他犯了错，我们一定不要纠正他，而应该暂停课程，第二天再继续。确实，为什么要纠正他呢？如果孩子们在建立名称和物体的联系时失败了，唯一能够使其继续的方法就是重复感觉刺激的行为和物体的名称，换句话说就是重复课程。当孩子建立联系失败的时候，我们应该知道他那个时候刚好不在状态，不适于去建立起我们希望他能够做到的那种心理联系。因此，我们必须选择其他时间。

如果我们要纠正他，以一种斥责的方式说"不对，你错了"之类的话，对这个孩子来说这是比其他的东西（比如光滑或者粗糙）更大的打击，这会存留在孩子的头脑中，会阻碍其学习。相反，错误发生之后的安静则能使孩子的意识保持清醒，让接下来的课程能够继续下去。事实上，指出孩子所犯的错误会使孩子在记忆的过程中进行不恰当的努力，或者会使他泄气，而我们的职责就在于要尽最大可能避免所有不自然的努力和沮丧。如果孩子没有犯任何错误，我们就可以激发他与物体的概念相对应的运动神经的活动。也就是让他说出物体的名称。可以问他："这是什么？"这个孩子回答："光滑。"这时我们可以打断他，教他如何清晰正确地读出这个单词。首先，让孩子深吸一口气，然后大声说出"光滑"。在孩子这样做时，我们可以注意到孩子发音中的缺陷，或者他习惯的某种特殊的婴儿语言的错误。

关于孩子们对已经接受的概念的归纳，以及这些概念在周围的环境中的应用，我不建议在这上面花费大量的时间，即使是需要几个月。孩子们在接触事物几次之后，甚至只是接触了光滑和粗糙的卡片之后，他们就会自发地去触摸各种物体的表面，重复说"光滑，粗糙，这是天鹅绒"等。对普通的孩子而言，我们需要等待这种对周围环境的自发的观察，我喜欢将之称为"探索精神的自动爆发"。在这种情况下，每一次新发现对孩子们来说都是一种快乐的体验。他们感受到的尊严和满足鼓励着他们从周围的环境中去寻找新的感觉，使他们成为自发的观察者。我们必须怀着最大限度的关切进行观察，观察孩子们在什么时间、通过什么方式实现了这种概念的归纳。比如，有一天，一个 4 岁的孩子，在庭院里跑着跑着突然站住不动了，喊道："哦，天是蓝色的！"并且在那里站了好一会儿仰望着那蓝色无垠的天空。

所以，孩子在获得区别事物的能力之后便奠定了智力的基础。从此儿童认识了周围的事物，当他惊喜地发现天空是蓝色的、手臂是光滑的、窗户是长方形的时，他实际上并没有发现天空的颜色，没有发现手臂，也没有看见窗，只是发现了它们在大脑中的位置和顺序而已，这就决定了孩子内心个性的稳定平衡。

这种稳定平衡如同协调官能的肌肉、使身体保持平衡、获得推进各种运动的稳定和安全一样，带来镇定、力量和进行新的尝试的可能性。一座安排得井然有序的博物馆为查找的人节约时间和精力，这种秩序有助于节约时间和精力。这样，孩子就能完成更多的工作而不感到疲倦，就能在更短的时间内对刺激作出反应。

在大脑已经建立了牢固秩序的基础上，对外部事物加以区分、归类和编排，这既是他的智力的表现，同时也是对人的精神的陶冶。一个受过教育的人如果能够凭作者的文风辨别出作者，或能够辨别出某一时期的文学作品的特征，我们就可以断定他"精通文学"。同样，如果某人凭用颜料的方式或从浅浮雕的片段判断出画家、雕刻家的年代，我们便说他"精通艺术"。科学家也属于这一类型，他们善于观察事物，能够最详尽地、恰当地评估这些事物的价值，这样，事物之间的差别就得到了清楚的感知和归类。科学家根据他井然有序的思维来区分事物。秧苗、微生物、动物或动物残骸对他们都不是什么谜，虽然这些东西本身对他们可能是陌生的。化学家、物理学家、地质学家和考古学家也一样。

　　成就真正的科学家、文学家和鉴赏家的并不是那些知识的积累，而是知识体系的建立。相反，未受过教育而对事物只有直接经验的人，他也许是一个秉烛夜读的太太，也许是一个终生在花园里对植物进行实际区分的园丁。这些没有受过教育的人的经验不仅混乱无序，而且还只限于直接接触的事物之中。科学家的知识是无限的，因为他们具有将事物的特性分门别类的能力，能够识别所有这些物质并随时确定其类别、相互间的关系和各自的起源，于是他也就能发现远比实物更深刻的事实。

　　事实上，我们的孩子就像科学家和艺术家一样，他们在凭借特征对外界的事物加以区分和辨别，而且他们对此还十分敏感，一切东西对他们都具有价值。相反，无知的人从艺术品旁经过或听到古典音乐，却不能欣赏。没有受过教育的孩子对一切都无动于衷。现在比较通行的教育方法和我们常用的那些方法还是有些出入的。这些教学方法首先删除了必要的自发性活动，还将事物和它们的特征一并介绍给了儿童，要求他们注意各个特征，希望他们无须指导就能自己抽象出这些特征。这样，这些教学法就在被实验者的身上人为地制造了一种比大自然的混乱现象更加缺乏创见的混乱状态。

现在最直观的教学法无非就是"感官记忆法"，通常是记下事物的所有特征，并把它描述出来。所不同的是，它不是描述某一想象的东西，而是描述眼前的东西；不是凭想象来描述，感官也参加了这项活动。这样做的目的是使某物与他物不同的表征能更好地被记住。被动的大脑只限于接收眼前的事物和杂乱无序的表象。实际上，每一事物的特征都可能是无限的。像在实物课中，如果实物自身从头至尾的目的都包括在这些特征之中，那么，大脑就必须对此进行综合思考。

我曾在一所幼儿园里面听到过一位老师的课，是关于咖啡的直观课。这位老师对咖啡的描述极其详尽，孩子们的注意力完全集中到了咖啡豆的大小、颜色、形状、芳香、味道和温度上，如果这位老师再继续描述咖啡树以及先辈们怎样漂洋过海把咖啡豆运到欧洲，最后点燃酒精灯把水煮开，磨咖啡豆制作咖啡饮品，学生们就会被弄得不知所云，而对咖啡本身却没有详细介绍。我们还可以继续描述咖啡的兴奋作用，从咖啡豆中提取出咖啡因，等等。这样的分析像溢出的油一样四处蔓延，不起任何作用。如果我们问被这样指导出来的孩子："咖啡到底是什么？"他很可能要这样回答："说起来话长，我记不起来了。"这样模糊的概念充塞大脑并使它精疲力竭，根本无法让它进行积极的、类似的联想。孩子所做的努力顶多是回忆咖啡的历史，他的头脑如何能形成联想？何况这种联想也只能是相似的、次要的联想，他会心不在焉地想象着横渡海洋，想象家里每天放着咖啡的桌子。换句话说，当他的思想允许自己脱离连续被动的联想时，就会像懒散的大脑一样处于胡思乱想之中。

这样的孩子只会每天沉溺于幻想之中，你根本无法看出他有任何思考的迹象，更别谈什么个性差异了。适应直观教学法的孩子，他的头脑总是容易接受各种各样的新观念，或者成为不断装进新东西的仓库。如果让孩子像观众那样以静观的方法形成对某一事物的表象了解，再试图让他去认识事物的本质，而不让他参与对于这一事物的任何活动，那么，在这个孩子的头脑中将不会把这一事物与其他事物联系起来并思考：它们之间有什么共同的特征或相似之处？是否存在相同的用途？

我们在做一些相似事物的联想的时候，应该吸取它们身上一些共有的特性。例如，如果我们说两个长方形的匾很相似，我们已经先从匾的众多特性中抽取诸如它们都是木质的、都是经过推刨的、都是光滑的、都着了色、都具有同样的温度以及形状相似等方面的特性。这可能使人想起一连串的物质：桌面、窗子，等等。但是，在得出这样的结果前，大脑应该能够从这些物质的众多特征中抽象出长方形的特征。大脑必须活跃，它分析事物，从事物中提取出某种特性，并在这种特性的指导下用同样的连接媒介综合众多的事物。如果不能从众多相关的事物特征中选择出其固有的特征，那么，通过比较，综合产生联想和更高的智力活动都是不可能的。联想实际上是智力活动，因为智力的根本特性并不是"拍摄"物像，然后像相册一样将它们"一页一页"地保存起来，或像铺路石一样，一个挨一个并排着。像那样的贮藏劳动是对智力的破坏和浪费。

智力的逻辑思维非常独特，它的辨别能力也可以区分出事物的一些重要特征。智力之所以继续向前发展，就是建立在这些基础之上，也正是这样建立起它们的内部结构。现在，孩子的思维在他们所接受的教学方法的帮助下，已经在事物特性的分类方面具有条理性，他们不但要根据自己对事物特性的分析来观察它们，而且还要区分它们的相同、不同和相似，这一工作使孩子们能够识别某一事物的不同特性。比如注意某些物体形状及颜色的相似对儿童并非难事，因为"形状"及其"颜色"已经被分成非常鲜明的类别。这些"形状""颜色"又根据类似特征联想起一连串的物体。按物体特性的这种分类法像一种天然磁石，它对确定的一组特性具有吸引力，具有这种特性的物体受到吸引并相互连接起来。这是一种靠类似产生的联想，几乎是一种机械性的联想。也许我们的孩子会说：书是菱形的。如果他大脑中不是早有菱形，那么他得出这样的结论是会经过一个极为复杂的思维过程的。因此，白纸上印上黑字装订成册，孩子就会说：书是印有字的白纸。

正是在这些比较积极的活动中，孩子们的个性差异才得以体现。吸引物体相似的特征是什么呢？为相似联想而选出的主要特征又是什么呢？一个孩子注意到窗帘是淡绿色的，另一个孩子则注意到窗帘很轻飘；一个孩子注意到手的皮肤白皙，而另一个孩子则注意到手的皮肤很光滑。窗户在某一个孩子的眼里是长方形的，而在另一个孩子的眼里却是能够欣赏蔚蓝天空的东西。孩子对主要特征的选择与他们内在的性格相一致，成为"自然选择"。同样，科学家选择对他们的联想最有用的特征。某个人类学家也许会选择大脑的形状来区分不同的人种，而另一个人类学家或许会选择肤色——不管哪种方法都会殊途同归。也许每一个人类学家对人类的外部特征都有非常精确的认识，但是，重要的是在于找出一个能够作为分类的基础的特征，即找出一个在其基础之上能够根据类似特征对众多的人进行分类的特征。

那些纯粹的实用主义者当然不会从科学的角度审视人类，对他们来说只有功利。所以你就可以理解生产帽子的企业关注的只是人们脑袋的大小，对于别的特征漠不关心；演讲者只会从口语的角度考虑人们的一切感受。然而，选择是我们实现某种计划从含混不清到实际步骤，从理想到现实转变的必不可少的基础。

世界上很多事物都有它特有的局限性，我们的心理感觉也大都是建立在自我选择的基础之上的，感觉器官有何实质性的作用呢？莫非它只是对一些固定的连续震动的动作产生反应，而对其他的一切都不予理睬吗？这么说来，眼睛就只限于看见光，耳朵就只能听见声音了。因此，在形成思维内容的过程中，第一步应该是经过必要的和实际的限制性选择，然而，思想还对感官可能的选择进一步加以限制，在内部选择活动的基础上，形成某种具体选择。这样，注意力就被集中在特定的事物上，而不是在所有的事物上；意志也就从众多的可能行动中选择必须完成的行动。

◇ 儿童的意志教育 ◇

小孩子在众多的物品中挑选出他所喜爱的东西

从餐柜中取出东西，然后又放回原位

他梦寐以求的某些器械正被他人玩耍而一直要等别人放到一边

他在安静训练中屏息凝神，一动不动，直到听到他的名字时才站起来，小心翼翼唯恐脚碰到桌椅并发出声响

　　幼儿的这些举动已经体现了他的意志。意志不是导致行为的简单冲动，而是对行为理智的引导。每个人的意志都能够从他们的行动中体现出来。比如说话、办事、走路或者睁眼闭眼，他都被"动机"所左右。意志也可以抑制行动的发生，抑制出于愤怒的冲动，阻止自己想从别人的手里攫取自己所好的欲望，这些都是自愿的行动。

高情商家教思维

1. 语言是如何在婴儿大脑中形成的?

_____

_____

_____

2. 在儿童性格形成中,容易产生哪些缺陷?需要如何治疗?

_____

_____

_____

3. 你想给予自己孩子怎样的教育?你想把孩子培养成为一个谦谦
   君子,还是富有激情和创造力的孩子?

_____

_____

_____

_____

4. 对于意志教育,你对自己的孩子都有哪些愿景和训练计划?

_____

_____

_____

5. 儿童智力发展有哪些特点?

_____

_____

_____

应该怎样爱孩子

如果没有爱，人类甚至天使的语言也只不过是一些无意义的声音。爱是降生到这个世界上的每个儿童的天赋。儿童通过爱实现了自我。

孩子的智力与自由

————————

　　对儿童的教育必须建立在他运动的基础之上，这是基于儿童实现自由的需要。孩子们一旦具有某种智力发展的需求，就会四处走动，以期待自己的人格能够得到不断的完善。那些在某种智力目的支持和指引下工作的儿童，一般都能够做到持之以恒。如果他们没有这种智力目的，也没有对工作持之以恒的态度，就不可能有良好的内部发育，也就不可能取得明显的进步。只有我们对自己加以克制，不再对孩子指手画脚时，当我们将自身的影响力慢慢在孩子身边隐藏起来的时候，孩子才能够获得完全的解放。建立在这种自信的基础之上，他会对自己的智力信心倍增。

　　这个时候，他们会主动地进行一些具体的活动：洗洗手和脸，换个外套，清扫房间，拂去家具的灰尘，铺地毯，摆桌子，栽种花草，看管小动物，等等。他们会受到感官的吸引，或在其指导下自主地选择有助于自己发展的工作，正是这些感官材料使他们能够对事物加以区分，然后进行选择与推理，使自我得到发展。

　　我们所说的发展，就是让孩子的智能得到发展，并不是说放任自流，对其置之不理。如果把孩子的成长交给生命的本能，那我们对待孩子跟对待动物又有什么区别呢？遗憾的是，我们一直都只这样做。当他们刚刚出生的时候，我们把他们当成植物一样去照料，当他们稍微长大之后我们又不断要求他们像植物一样保持安静，任由我们摆布。我们对待他们跟对待奴隶其实没什么区别。试想一下，这样培养出来的孩子能够像天使一样吗？只会使他们身上的本性不断湮灭，直到消亡，人性一点点退化的痕迹将在他身上显现无遗。

相反，如果我们让孩子的智能得到发展，那将看到的是另外一种情形。为了把孩子培养成高度自觉地从事智力活动的人，我们就须赋予自由以新的概念。

我们有理由相信，智力可以解决一切社会自由的争端。但是近年来有一种只要求思想上自由的说法搞得整个社会乌烟瘴气。这就好比目前人们有关孩子自由的理解一样，有人以为人类只有后退到最原始的思想自由状态，才能得到解放。这样真的可行吗？难道要大家都退回到原始社会，人们都变得没知识没文化，让这个社会沦为文盲社会？

我们来看这样一个例子。假如我们让一个人在健康和疾病之间二选一，他自由选择的概率有多少？如果让一个从来没有受过教育的人在有利益的投资和没有利益的投资之间做出选择，他会自由选择哪一种呢？如果他选择后一种，他就是"自由"地甘心被骗了；如果他选择了前一种投资，也不是因为有了自由选择的权利才选中的它，那只是幸运而已。事实上只有他真正懂得了一些投资的知识，有能力区分有利可图和无利可图的投资时，才真正称得上是自由的。只有在他形成这种内在能力后，他才能真正地自由，如果只是简单地凭借社会的约束力是不能达到目的的。

我们始终坚信，自由发展终将成为人最基本的权利。人可以按照自己的意志来培养自我，这不再成为一种奢望。只有达到了这一步，我们作为一个人才不会受到压抑，也不会受到奴役，并且能够在所处的环境中自由地选择发展自我的方法。总之，我们只有接受了教育，才能找到与个性相关联的解决社会问题的基本方法。孩子的成长和发育经历告诉我们，智力的发育是揭示他们成长秘密的关键，也是窥探他们内心世界的一种方法。

意识到这一点之后，智力卫生学的地位就显得举足轻重。当智力被视为培养孩子的关键，甚至是孩子们生活的支柱时，人们就不会再让它盲目地消耗掉，或者不分青红皂白就将其压抑和禁锢。

现在还有些父母对孩子的身体及其相关生活问题担忧，比如有的孩子头发不好、指甲过长、牙齿不整齐等问题。但是我相信，将来儿童的智力问题一定会被人们更明确地认识和更慎重地对待。当然，我们明白通向文明的道路是十分漫长的。

那么，到底什么才是智力？我们没必要先从哲学的高度去抽象它，只要思考一下促使心智形成的映象、联想和再创造活动的总和，并将这种心智活动与环境联系起来。研究表明，对差异的感知是智力活动的开始，大脑活动的第一步就是对差异予以鉴别。感觉就是对外部世界的知觉，收集材料并将这些材料加以区别就是智力活动的低级阶段。

我想，我们首先应该对智力进行尽量精确、清晰的分析。从某种意义上说，智力和时间又是相互关联的。人们常常把反应灵敏看成是孩子智力发展的标志。为什么孩子们做出反应的快慢不一样呢？这肯定与从外界获取信息，精心编织意象以及将内心思考的答案表达出来的能力有关。关于这种能力，我们不妨用一套类似于心理体操的系统加以训练，以促进其发展。这个系统的操作过程是：收集大量的感知材料，使它们彼此建立相互联系，并据此做出判断，经过一段时间后，就养成了自由展示这些东西的习惯。

因此，很多心理学家都建议，要使行为管道和联想管道更加具有渗透性，使反应期更短一些，在能够促进智力发展的肌肉运动中，动作不仅要表现得更加完善，而且还要更加快捷，我们所说的聪明的孩子不仅是指能够对事物加以理解，而且还应该能对事物加以迅速理解。如果某人学同样的东西要比别人花更多的时间，那么他的反应就要迟钝些。

人们夸奖孩子聪明的时候，往往会说"什么东西都逃不过他的眼睛"这样的话。确实是这样，聪明的孩子总是能够将注意力高度集中起来，时刻准备着接受各种各样的刺激，就像那灵敏度极高的天平对微小的重量变化都能做出反应一样，灵敏的大脑也能够对哪怕有一丁点吸引力的东西做出反应。这样的孩子的联想能力也是极强的，我们常常用"一眨眼就明白了"来形容他们在这方面的能力。

感觉训练能够让孩子具有清晰分辨事物的能力，也可以激发他们的主要活动意识。通过这些练习，孩子们可以敏锐地察觉到热与冷、粗糙与光滑、重与轻以及乐音与噪音的差别；可以让他在万籁俱寂的环境里闭上眼睛，等待一种细微纯净的声音的召唤。这些练习的目的是让孩子感觉到外部世界似乎正在帮助他打开心灵之门，并唤醒他的心灵活动。在我看来，各种感觉与环境互相融合时，这两者就能产生互相协调的作用，并能加强已经被唤醒的意识活动。还是来看下面这个例子吧！有一个5岁的小孩子，正趴在窗口边上专心致志学习画画，这时如果耳边响起了美妙的音乐，他也会用最美丽的色调去完成手中的作品。当孩子们身处幽静的校园时，如果看到周围鲜花盛开，闻到花香沁人心脾，他也会不自觉地唱起欢快的歌曲。

大脑的迅速反应就是孩子自我教育的一个有效信号。那时他的反应将变得更加灵敏；思维更有准备；往日那些从他们身边溜过却丝毫未引起注意，或者只产生一点点兴趣的感官刺激物，如今却能被他们强烈地感知到；同时，他们能够轻而易举地发现物与物之间的关系。这样，他们在运用这些东西时，一旦出现差错就能及时发现，并迅速做出判断，然后予以纠正。正是经过了这种感官体验，孩子完成了原始而基本的智力训练，唤醒了他的中枢神经系统，并且使其处于运动之中。

与那些普通孩子的反应能力相比，能够自我教育的孩子会对事物的反应更加敏锐，面对哪怕是最微弱的感召，也十分敏感，遇到任何事情都可以集中精力，他们显然更有自发联想的能力。当我们在做这些比较时，自然会拿今天的文明与古时的文明相比。比如，今天的社会环境与昔日相比更加舒适；马车在以前曾经是主要的交通工具，现在我们可以坐汽车或飞机旅行了，这样我们比过去更节省时间了；过去我们交流的媒介是鸿雁传书，在今天我们可以通过电话交谈；在敌我交战时，古人一般是一对一地互相厮杀，而今天则是危及成千上万人的大战，所有这些使我们认识到，文明的进化并不是建立在对生命珍惜或对灵魂珍惜的基础上，而是建立在对时间珍惜的基础上。我们的的确确从外部感觉到了文明的发展，机器无疑运转得更快了，经济也发展得更迅速了。

可是，人类自身发展却依旧滞后，并没有跟随文明的脚步前行，而是依旧无法有序地进行自我的发展。在这个复杂多变的环境里，孩子们还不能随时应付所面对的各种事件，还不会充分利用人类在外部环境上的进步来为自己服务。尽管我们已经进入了一个文明社会，但我们的灵魂却一直在被欺骗、被压制！我甚至不敢想象，人类在自我改造问题上如果一直踯躅不前，将来怎样与日益发展的新世界和谐共存呢？会不会被新世界彻底抛弃，或是被毁灭？

孩子对这个世界的认知，绝对不单单表现为思维敏捷、反应迅速，还包含着内在秩序的相应建立。他对工作流程的熟悉，对组织条理的明晰，是智力形成的又一个过程。也就是说，秩序是人们能够做出迅速反应的关键。思维混乱的大脑对事物的知觉和认识要困难得多，那种困难不亚于写一篇含金量极高的学术论文。从社会角度来看，组织和秩序为个体、社会的发展都提供了必要的保证。

让孩子接受自然教育

我们必须得尊重自然规律，并且尽可能地把一切事情交给大自然去做。因为孩子越是在自然中得到发展，就越能够获得更多的智慧。因此，参加自然劳动就显得意义重大。首先，它可以使孩子的个体发育和人类整体的发展协调起来，培养孩子的耐力和品格，让孩子与整个自然建立一种内在和谐。

尽管现代文明如此发达，人类仍然离不开自然，可以说，人类仍是自然界的一部分，与自然界有密切关系，相依相存。社会生活仅仅是人的生存的一部分，它无法取代自然生活。我们与自然界有着天然的联系，它对我们身体的发育有着显著的影响。孩子的生命需要大自然的力量，他的精神生命也需要与天地万物接触，以便直接从生动的大自然的造化能力中吸取精神养分。人类从远古时代就开始了与自然的接触，并在自然劳动中学会了运用双手，改造自然。可以说，自然世界是培养人类智慧的教师。

我们必须培养属于生物，因而也属于自然界的人去适应社会生活，因为虽然社会生活是人的特殊工作，但它也必须符合人的自然活动的表现。为缓和教育中的这种转变，我们必须开展自然教育，这种方式就像"儿童之家"那样，它设置在孩子父母居住的楼里，孩子的呼喊和妈妈的应答能彼此呼应。

让孩子们在户外或公园里成长，或者让他们半裸着在海边晒上几小时的太阳。舒适的短童装、凉鞋，裸露的下肢就是一种摆脱文明枷锁的方式。不过，有一个显而易见的原则：在教育过程中，只限于为获得由文明所提供的乐趣所必需的程度。在所有对现代儿童教育的改进中，许多人都还存有一种偏见：儿童没有精神需要。他们简单地把儿童看成是只需加以爱护、亲昵，并使之在运动中生长的躯体。一个好母亲或一个现代的好教师，在今天所给予的，例如对一个正在花园乱跑的孩子，也不过是不要攀折花木、不要践踏草地之类的忠告，似乎通过活动腿脚和呼吸新鲜空气就足以满足他们身体发育的生理需要。

但既然儿童的肉体生命必然需要大自然的力量，那么他的精神生命也必然需要心灵与天地万物的交融，从而可以直接从生动的大自然的造化能力中吸取养分。达到这一目的的方法就是让儿童从事农业劳动，引导他们培育动植物，并从中思考自然、理解自然。

此外，还可以带着孩子们参加一些园艺活动。它的意义在于培养孩子参与自然和了解自然的能力，不仅能在孩子与自然之间建立一种和谐的感情和关系，还能培养孩子的品格，引导孩子的心理健康发展。从本质上来说，自然劳动是孩子自我教育的一种形式。

园林学和园艺学是自然教育的一种方法。它不仅是身体锻炼方面的自然教育，也能通过培养观赏植物让他们学习园艺。现代儿童教育的理念必须是也只能是促进儿童个体身心两方面的发展。农作物和动物培育本身就包含着道德教育，其含义和作用都极其丰富。

1. 它引导孩子观察生命现象

孩子们与动植物的关系类似于观察他们的教师和他们的关系。随着观察兴趣的逐渐增长，关心生物的热忱也随之增长，这样孩子们也就会合乎常理地去感激妈妈和老师对他们的爱护。

2. 引导孩子们通过自主教育而具有预见力

当孩子们懂得播种的植物的生长要依靠他们细心地浇水，饲养的动物的成长要依靠他们勤勉地喂食，否则，植物就会干枯、动物就会死亡时，他们就会像一个开始察觉到对生命负有责任的人一样，变得有警惕性。此外，一个与妈妈和教师全然不同的、呼唤他们忠于职守的声音响起，告诫他们，千万不要忘记自己承担的责任。这声音就是在他们照管下的垂危的生命所发出的哀求声。这样，在孩子和他们照管的动植物之间就会产生出一种神秘的一致性，从而引导他们在无须教师的干涉下完成限定的行动，进而引导他们进行自我教育。

3. 引导孩子们学习具有耐心的美德和有信心的品格

这种有信心的品格是一种人生哲学。当孩子们播下一粒种子，直到它结果，首先他看到的是不成型的幼芽，然后是它的慢慢生长变化，之后是开花直到结果。有一些植物发芽早一些，有一些则晚一点。不管怎样，儿童最终会获得一种心理感知能力，在幼小的心灵里萌生一种智慧，就像农民知道按时耕种那样。

4. 培养孩子们对大自然的感情

大自然以其神奇造化之功哺育着这种感情，谁为它付出了劳动，谁就会获得丰硕的果实。甚至在劳动过程中，孩子们的心灵与在他们照料下而发育的生命之间也会产生一种一致性。小孩子们会非常容易对蚯蚓和粪虫产生兴趣，但那些成长时远离大自然，同时又没有接触过某些动物的人却感到害怕。儿童的这种兴趣正好能发展成为对生命的信任之情，这是一种爱的形式。

最能培养对大自然感情的是栽培植物，因为植物在其自然发展中给予的远比索取的多，它不断地展示着自己的美和丰富性：当孩子们栽培了蝴蝶花、紫罗兰、玫瑰或风信子，播下种子或埋下根球，或种了果树，也按时给它们浇了水，最后，那盛开的花朵、成熟的果实，就是大自然赐给他们的慷慨礼物。而当孩子们不通过劳动而享受这些物质成果时，情况就完全不同了，不会动的清一色的果实都用于消费，被分配殆尽，而不是增加积累。

5. 儿童沿着人类发展的自然道路前进

简言之，这种教育使得个体发育和人类整体的发展协调起来。人类通过农业从自然状态进入人工状态。当人类发现土地增产的秘密时，他们就获得了文明化的报酬。注定要成为文明人的儿童也必须经历这条道路。如此理解自然教育的作用，就容易将它付诸实践了。因为即使缺少供体育练习用的宽阔操场和庭院，只需找几平方米用于栽培或一小块地方让鸽子做窝，以便进行精神教育总还是可能的，即使是窗台上的一盆花，如果需要，也可以用于教育。

在罗马的第一个"儿童之家"里，有一个宽大的院子作为种植园地。在那里，孩子们除了可以在户外活动外，还可以进行种植。当较小的孩子们在路上跑来跑去，或在树荫下休息时，大一点的孩子们则正在土地上播种、耕种、浇水或查看耕地表层，好让种子发芽。

说到自然教育，那些生长在城市里的孩子可能面临的问题要比较多。他们每天面对的都是钢筋水泥建筑的"森林"，离大自然以及那种古朴的自然劳动生活已越来越远。但这种自然生活对于儿童的成长意义深远，让孩子受到自然教育，是孩子发展自我的一个重要内容。保护和培养儿童对大自然的好奇心与感知力，让孩子与大自然建立一种和谐的关联是尤其重要的。

在日常生活中，父母应尽可能为孩子了解和探索自然创造条件。可以带孩子一起买菜，通过买菜识别各种蔬菜瓜果，五谷杂粮；让孩子参与植树、绿化带的清理、拔草活动，增强孩子的环保意识；如果有条件，还可鼓励孩子种植花草或蔬菜，养小鸡、小狗、乌龟等动物，让孩子在实践中掌握动植物的特点，建立爱心，认识自然规律，使孩子在这一劳动过程中对生命和大自然产生热爱。

除此之外，父母还可以带孩子到大自然中去，例如郊外农场、风景区或动植物园，让孩子通过观赏自然景色，体验世界的原初美感，开阔眼界，增长知识，获得心灵的陶冶。我们应该相信，当孩子在与大自然的接触中，感受到大自然的美丽与奇妙之后，一种眷念就会在孩子的心中产生，并对其个性、兴趣、精神产生影响，孩子的感官能力也能由此得到加强。

我们都知道，环保将成为人类未来的关键主题。作为父母，应该在生活中对孩子开展环保教育，给予正确及时的引导，让孩子从小建立根深蒂固的环保意识。人类生存离不开周围的环境和自然条件。工业化生产大规模发展之后，工厂、交通工具、家电燃油所制造的废气、废物、废水等对整个地球生态环境的影响已经越来越明显，可以预见，如果环境污染问题得不到相应的重视，那么生态系统必然出现难以弥补的破坏和缺口，整个生态系统一旦出现断链乃至反常，人类生活就将受到严重的威胁。因此，环境保护不仅关系到人类的生存和发展，还关系到整个生态系统能否健康地维持和发展下去，而这种维持和发展正是人类得以生存和发展的基础。为了保护好我们的家园，使我们的家园不受污染的破坏，环保教育应在孩子中间进行。作为父母，应该在生活中对孩子开展环保教育，让孩子从小树立环保意识。我们都知道，无知往往能导致罪恶，然而即使一个人具有理性判断能力，也可能做出不符合理性法则的行为。我们可以从以下几点着手：

1. 在生活中树立环保意识

环境保护包括保护大气层、树林、淡水水源、野生动植物、土壤等方面。家长在日常教育的基础上要注意有关环保知识的讲解，让孩子建立对于环保的概念，激发其兴趣。比如我们可以在与孩子谈话、讨论时，将环保知识有意地渗透在各项活动之中，注意发掘各项活动中的环保因素，让孩子知道各种与环保有关的节日，如植树节、世界环境日等。在美术活动中，让孩子通过对绘画、废物利用等活动的了解和参与，强化其环保意识。在劳动中增加锻炼内容，例如种树、嫁接、自然实验等。另外，让孩子积极参加各种生动有趣的环保活动。

2. 让孩子体验环保

带领孩子实地参观和感受两种截然不同的环境，比如青山绿水的自然环境和浓烟滚滚的受污染的环境。可以带领孩子参观污水处理厂，将脏水和饮用水进行比较，让孩子树立节约用水的意识。日常生活中可选择一些符合孩子年龄的游戏进行环保教育，如名为"呼吸之树"的游戏，在游戏中把椅子当作"树"，只有在"树"下才能呼吸，随着"树"的减少，孩子在游戏的过程中感到呼吸越来越困难。让孩子通过这个游戏明白植树造林和保护树木的重要性。

3. 以身作则，潜移默化

孩子好模仿身边的成人，例如他们的父母。这种模仿有时是自觉的，有时则完全是无意识的效仿。这是儿童吸收性心智的无意识学习过程。因此父母应以身作则——养成良好的生活习惯和清洁卫生习惯，不乱扔垃圾，不浪费塑料袋，不使用一次性碗筷。最好的做法是，与孩子讨论怎样使家园变得更整洁、更优美，通过爱护身边的环境来获得一种对美感的认识：环保能带来美，从而培养孩子的环保趋向。

到了春天，不妨带孩子去花园。当孩子采了一朵花，走到母亲面前说："妈妈，这朵花很漂亮，送给你。"妈妈接过花，仔细看一看然后微笑着说："这朵花的确很漂亮，只是把它摘下来太可惜了。"接着就给孩子提示，让孩子认识到：漂亮的花儿是给大家看的，你摘走了别人就看不到了，如果不摘，我们就可以每天来看它。如果每个孩子只要喜欢一朵花，就把它摘下来，那花坛里恐怕就没有花了，美丽的环境就被破坏了。只要循循善诱，孩子自然会高兴地接受。

也可让孩子在初春时，了解刚刚发出嫩芽的绿色植物，并通过踩痛了小草会哭的故事，让孩子不要踩痛小草，小草就像孩子一样，需要保护，需要阳光和雨露才能健康地成长，才能长得非常茂盛，郁郁葱葱，从而激发出孩子本能的恻隐之心和关爱的情感。从小进行环保教育，尤其是在孩子心智关键期给予正确及时的引导，孩子就会吸纳关于环保的概念，并逐渐建立一种理解能力，让环保观念成为他们思想价值观念的一部分。

儿童的本质是什么

　　蒙台梭利教育法可能与大多数的教育方法不一样，它特别关注孩子们身上那些尚未被发现的精神特质。它重点强调的是挖掘儿童潜能，将孩子的内在能力发挥到最大。有了以上的认识，我们也就对孩子做了进一步的保护，并且强烈呼吁人们开始重视儿童的权益。

　　事实上，孩子总是生活在家长的"笼罩"之下，这样难免成为弱势群体，既得不到尊重，心理需求又得不到满足，长此以往，孩子的发展境遇实在不容乐观。我们学校里的孩子们，天性得到了最大化的释放，他们可以畅所欲言，可以表达不同的观点。他们身上表现出来的那种学习态度和方式，让我引起了对现代教育的忧思，并将教育的重心转移到敏感儿童身上。

　　孩子向我们展示的是他们尚未被探查到的心智，他们的一些行为倾向也是许多心理学家和教育家从未研究过的。比如，像玩具之类的东西，我们认为孩子都应该非常喜欢，可有的孩子就是不感兴趣，甚至童话故事也无法吸引他。相反，他们一直想摆脱大人的控制，每一件事都想自己动手。除非真的感到无能为力，否则孩子们绝不想让大人插手。孩子们在工作的时候是那样安静和专注，那种专心致志的神情真是令人感叹！

孩子们在过去由于长时间被打扰或者压抑，这时才流露出与以往不一样的神情和能力。我们有时会不适当地参与他们的工作，总以为自己绝对胜过孩子们，所以就把自己的那套规则或模式强行转接到孩子身上，妄图控制他们的行动，使他们屈从于自己。

成人喜欢自以为是地解释孩子的一切行为，认为自己对待孩子的方法都是正确的，这就使学校教育出现了偏差，甚至误导了整个教育体制。这些教育方法上的错误，引发了我们新的反思。一直以来，儿童与家长的关系就处于一种尴尬的对立状态，如今这种对立关系面临着社会的考验。要改变儿童与成人之间的对立关系，我们教育工作者就必须采取改革，这一行动不光是针对教育工作者，更应该引起所有成人，特别是准父母们的重视。

我的一些教育方法在世界各地都引起了极大的反响，在各个国家受到了重视，这就证明了儿童和成人之间的冲突和矛盾是一个十分普遍的现象。从孩子降生的那一刻起，成人的压制也就随之而来，我们之中的许多人却不以为然，认为那是天经地义的事情。身处文明现代的社会，却遭受种种条条框框的束缚，这是大多数孩子们的悲哀，他们受到了过多的强制性约束。

身处于成年人的控制之下，这个孩子的许多需求势必得不到满足。这里不单指生理上的，更重要的是心理上的。孩子的心理需求能否得到满足，将影响他一生的命运。孩子被家长强大的力量压制着，不但不能按照自己的意愿行事，还不得不去适应一个自己讨厌的环境，这一切都是因为大人们天真地认为这样做是在帮助孩子学会在社会上立足。

很多教育都是命令式的，披着"教育"的外衣，在进行着野蛮、粗暴的行为，以此来约束孩子，迫使他们适应这个社会的生活方式。这种方法的基本特征是要求孩子必须无条件服从大人的指令。这就等于否定了孩子作为一个独立个体存在的必要，这对孩子来说非常不公平，他们因此而受到的身心伤害，是成人都难以忍受的。

学校里严格的课业标准和强制性的规定，是与孩子无忧无虑的童年生活格格不入的。家长制可以说根深蒂固，即便是那些富裕家庭的孩子也依然无法逃脱家长权威的压制。这种家规森严的情况，甚至比学校更厉害。学校和家长同时对孩子施压，这种权威式教育对那些抵抗力稍差的孩子来说，无疑是一种强大的压力。孩子们期待有人能够听听他们的意见，但是他们也不愿再碰壁，弱小的心灵受到了严重的伤害。久而久之，他们变得肆无忌惮，放任自己的行为，甚至是自甘堕落。

如果我们以教育的名义去牺牲孩子的幸福和前途，这是多么不人道的做法啊！其实为孩子创造一个良好的学习环境。让他们在其中自由发展，这并不难。为什么一定要给孩子施压呢？为什么一定要压抑他们的性格呢？无论是家庭还是学校，都应该使孩子们免受到成人世界的干扰，它应该像孩子们的避风港，或是沙漠中的绿洲，成为孩子心灵的寄托，时时刻刻保证孩子们健康成长。

由于家长制的极度泛滥，孩子受压制这一情况几乎是整个世界的问题，它普遍存在于世界的每一个角落。一个只会在大人身边扮演附庸角色的孩子，不可能在社会环境中独立生存，大人们不顾孩子权益的做法破坏了一个社会的整体性。被当成大人附属品的孩子手无缚鸡之力，更无法为自己争取权益。所有关心儿童福利的人已达成共识：孩子需要得到全社会的同情。

　　人们常常会拿那些不幸和幸运的孩子们作对比，拿出身贫寒的孩子和有钱人家的孩子进行比较，拿被遗弃的孩子和被宠爱的孩子作比较。这些比较的结果都表明，人的个性差异在童年时期就已经表现出来了，而且童年时期的经历对其成年之后的生活确实有着深远的意义和重大的影响。

　　孩子只是父母生产出来的产品？他们必须要服从父母的指令？儿童的权益几乎一致都被无视。假如我们是公司职员，至少下班的时候还可以有自己的自由，但是孩子对成人的服从是24小时的。也许，没有一个人会愿意处在孩子的地位，他们被大人用严格的规定限制着，什么时间必须做功课，什么时间才可以玩，都得遵从大人的规定。这个社会从来不曾将孩子看作是一个独立的人。因此，在一个家庭里，妈妈负责洗衣做饭，爸爸外出工作赚钱，他们只要捎带着照顾孩子就行了。大家始终认为，这样的安排就是能够为孩子提供的最好照顾。

　　有史以来，人们就对于各种道德和哲学极为信奉，这些理论也都千篇一律地以成年人为主导，涉及儿童的有关社会问题常被忽略不计。没有人把孩子当成一个独立的个体，也没有人替他们思考过种种困境，更没有人想过那些日后取得非凡成就的孩子，他们真正的需要是什么。大人还是一成不变地把他们看成思考力差的小家伙，他们只会服从我们的命令。谁会来关注孩子内心的苦难和折磨？浩瀚的历史长河之中，尚没有一个字是书写有关儿童工作或生活的记载。如果可以，我愿意做第一人！

成人和孩子

———————

我们常说，教育不仅仅是一个职业，更是一门需要全社会都研究的艺术。人类的发展和进步离不开教育，不仅科学家和教育家对教育科学研究产生了浓厚的兴趣，家长和公众也表现出了同样的关切。现代教育理念有两项主要原则，第一是了解和培养孩子的个人特质，即了解每个孩子的本性，并透过孩子特有的性格来引导他；第二项原则是解放孩子。

看上去教育科学领域硕果累累，似乎是攻克了许多难题，但是要领会现代教育的宗旨，还需要克服不少难以克服的困难。在现代教育中，"问题"这个词常常被当作研究的主题，例如，人们常提到学校问题、性格问题、兴趣和能力问题等。但在其他的科学的研究领域却是"原理"两个字用得比较多，例如，光辐射原理、地心引力原理等。相对于科学领域而言，它的问题往往产生于不明确的地方和外围部分，科学研究的核心则包括发现问题和解决问题。但在具有实验性的现代教育方面，却不去正视重要的问题，这等于偏离了科学的轨道。

假如有哪个疯子说："我已经把教育的问题全部解决了，我在人类精神方面做出了突出的贡献，我将教育置于明确、单纯的境地。"显然，没人会理会这样的疯言疯语。社会有一股无形的压力，迫使人们不得不去适应一些令人无法想象的事，也必须适应那些维护社会安定的礼教束缚，因此，每个人都得或多或少地牺牲一些自我。我们的孩子也如此，在学习的义务下，他们不得不有所牺牲，不管我们多么希望孩子们能够享受到学习的乐趣。孩子们必须努力地学习，但又不能把自己弄得疲惫不堪。我们一方面希望孩子自由自在，另一方面又要求孩子服从，这些理想和现实之间的矛盾，引发了很多教育上的问题。

教育改革往往最后会变成一声沉重的叹息，人们感慨孩子们的命运和未来，但却无法施以援手。所有的学校教育改革，其本意都是为了缓和沉重的教学所造成的伤害，例如，重新修改教学课程和教育制度，强调体能运动和休息的必要等。然而，这些方案并未达到使孩子自由发展的效果。无论如何，我们还是不能对教育问题熟视无睹，教育改革还有着很大的进步空间。我们一定要进行真正的改革，一定要开拓出一条崭新的教育之路。

我们常常惊叹于其他领域的惊人成就，但是教育界多年来却一直默默无闻，至今未能有什么可喜的成就。在教育研究的领域，每一个正在探讨的项目都只限于对外在现象的研究。借用医学术语说，就是治标不治本。各种不同的症状，可能都是由同一个病因引起的，想要解除病痛，如果只是一项一项地分开治疗，而不找出病源所在，到最后可能就徒劳无功。

就拿心脏病来说吧，心脏如果有异常，那么其他器官也可能会出现功能的紊乱，如果我们只是治疗其中一个器官的病症，而不想办法使心脏功能恢复正常，那么所有的症状仍然还会出现。再举一个和神经官能有关的例子，假如一位心理分析师发现，患者是因为情绪和思想错综复杂的相互影响，使得神经超负荷而产生的病症，那么这位心理分析师就必须寻找病症的根源，追查深埋在潜意识中的病因。一旦查到发病的主要原因，所有的问题便会迎刃而解，据此拟出的治疗方案才会使所有的病症逐渐消失或者转为无害。

正如上面所说，教育问题不是简单的表面现象，而有着深刻的内部原因，这种因素与我们的潜意识无关。我们的教育，一直都是朝着一个"治本"的方向前行的。如今我们发现的所谓教育问题，特别是那些与孩子的个性、性格发展和智能发展相关的问题，事实上全都起源于孩子和成人之间的冲突和对立，成人在孩子发展道路上所设下的难关，不但难以计数，而且很有伤害力。最接近孩子的成人——母亲或是我们，在孩子的人格形成过程中，反而成了最可能有危害的人。儿童与成人之间的矛盾冲突与教育有关，也是造成儿童成年以后精神错乱、性情异常以及情绪不稳定的主要因素。这些问题从大人传给孩子，又从孩子传给大人，成为一种恶性循环。

所谓追本溯源，教育的首要问题在教育工作者，当然也包括孩子的父母或者监护人。教育工作者必须要理清自己的思想观念，抛弃一切偏见，最后还必须改变自己的态度；接着就是准备一个有利于孩子生活的环境，一个没有障碍的学习空间。对于环境的设计要符合孩子的需求，让孩子能够得到心灵的解放，使孩子能够克服一切困难，并显露出自己的非凡品性。以上两个步骤是奠定成人和儿童新道德观的基础。

我们自从为孩子们设置了适宜的环境之后，亲眼见证了他们创造力的自然流露。孩子们生活得很开心，他们屡屡有佳作出现。这些孩子一旦投入到工作之后，会显示出更强的纪律性。一个与孩子精神上的基本需求相匹配的环境，能让他长时间潜藏着的态度浮现出来，因为过去和成人之间的一再抗争，让孩子不得不武装自己，表现出压抑的精神状态。

通过观察我们了解到，孩子内心其实有两种不同的心理状态：一种非常积极，他们极富创造力，显现出孩子正常、善良的一面；另一种是因为受到成人的压制而产生的自卑心理。这一发现让我很受鼓舞，让我看到了教育之路的一丝希望之光。孩子所表现出来的纯真、勇气和自信，皆出自道德的力量，也是孩子融入社会的迹象；而孩子的缺点如行为缺陷、破坏性、说谎、害羞、恐惧以及那些让人意想不到的对抗方法，会一下子消失得无影无踪。

完成与成人的沟通，可以有效地改变孩子的性格和命运。我们教师也应该以全新的态度来审视他们，千万不要再把威严和权力集于一身，要以谦和的态度来帮助孩子。既然我们已经觉察到孩子的心理层面有两种不同的状态，那我们开始讨论教育方针时，就不能不先理清讨论的基本对象，我们应该是以受到成人压制的孩子为讨论对象呢，还是以在良好环境下自由成长，得以发挥创造潜能的孩子为讨论对象？

对于孩子的诸多无法解决或者十分恼人的问题，其实都是完全由成人一手造成的。但对于那些自由成长的孩子来说，成人则扮演着一个对自己的错误充满自觉性，而且能和孩子平等相待的角色，成人能够轻松愉悦地与孩子相处，并且和孩子共享温馨且充满爱意的新世界。应该在科学的氛围下平等地教育每一个孩子，而所谓科学就是先假设一个真理的存在，然后才能有一个向前发展的巩固基础，才能够发展出一套确实可行的办法，进而减少错误的产生。孩子本身就是引导我们的人，孩子希望大人能够给予他们有用的协助，换个角度看，这也是成人在帮助自己。

孩子成长于形形色色的环境之中，但除了活动，他们还需要得到一些物质上的接触。在学习过程中，对孩子的指导不可或缺。成人首先必须提供孩子发展需要的硬件设备，尽可能地让孩子自己动手，假如大人做得不好，孩子就没有办法顺利地发展。如果大人做得太多，也可能阻碍孩子的发展，使他们的创造力无法发挥。而这之间的平衡点，我们叫作"准入门槛"。随着教学经验的不断增加，这个"准入门槛"我们会准确地找到，这时候孩子和家长或教师之间也会有个更好的了解。

孩子的活动必须伴有物质接触，因此我们需要精心挑选一些教具放在儿童身边，让他们随意把玩。关于文化传承的问题，也会由于这种做法而得到解决，这样的做法不但减少了大人的介入和干预，也保持了较为传统的教学形式，让孩子依据自己的发展所需，摸索着学习。每一个从活动中获得自由的孩子，可以发挥自己的最佳创造力，也将在学习过程中不断进步。所以，个体的发展也有助于文化的传承。教师保持着指导者的角色，只有在必要时才出现，孩子的个性循着自己的规则展现，演绎着行为的各项能力。

我们从实践经验中提炼出很多教育心得，其中一项重要提纲便是：成人对儿童的干预、教具的使用和学习环境都必须有所限制。教具提供得太多或太少，都可能对儿童的发展产生负面影响。教具的缺乏可能会导致儿童学习上的停顿，教具过多则容易使他举棋不定、精力涣散。为了进一步讲清上述概念，我们不妨举一个和食物有关的例子，食物如果缺少营养会导致我们的营养不良，相反一旦吃得过多就会造成消化不良，身体同样不舒服。过去人们总觉得吃得多是好事，现在大家都意识到了吃饭不是多多益善那么简单。以前的错误观念被清除以后，医生才能够拟定维护身体健康的食物质量标准，营养学寻求的则是更加精确的计算方式。

现在出现的问题是，很多人过于迷信教具，认为教具是教育儿童的重要辅助器材，所以他们不惜重金大量购置教具，认为这一方法很好。除了玩具制造商，我估计没人觉得这是个好办法。道理很简单，跟前面吃饭一样，不是说越多就越好，关键是适量。两者之所以可以相提并论，是因为它们同样都涉及"喂养"，一个关系到身体，一个则关系到心智。而今，我们关于智力发展的方式，也就是在教具上的研究表明，限制教具的使用更能够激发起儿童自觉性活动和全面的发展。

有一部分人认为，心理因素可以运用的只有语言表达能力及心智，这其实完全忽略了婴幼儿，哪怕刚出生几个月的孩子，也完全具备了那种独特性。他们觉得婴儿只需要身体上的照顾，完全忽视最重要的概念。然而当成人放下架子试着去理解孩子心理的时候，就会清楚地发现，孩子的内心世界远比大家认识到的丰富和成熟。事实上，曾有研究报告详尽地指出，即使是很小的婴儿，也能够和环境水乳交融。孩子适应环境的能力，更胜于他的肌肉的发育能力。孩子的内心存在着一股鲜活的精神力量，即使他的肌肉收缩或语言能力的发展尚未开始，但他仍然需要我们的协助和精神上的呵护。

很容易得出"二元论"的推断，即孩子的成长是两方面的，一方面是他心理的发展，另一方面是身体的成长。这一点和其他动物没有本质区别，动物一生下来就这样发展，无一例外。人类的一个独特优势就是自我必须启动身体用来动作的复杂器官，这些动作最终又会显示出个体的独特性。人必须创建自我，拥有自我，最终要能控制自我，所以我们的孩子其实是一个连续发展变化的个体，他必须循序渐进地在行动和精神活动中求得平衡的发展。成人的行为通常是经过思索而产生的，而孩子则必须设法让思想和行为取得一致。思想和行动是否保持一致是孩子发展过程中的关键。

所以说，假如我们人为地阻止孩子的行动，就等于在孩子的人格构筑途中设立了障碍。思想有其独立性，而行动有时会听从他人的指挥。动作并非只是对某个精神做出反应，假如这样，人的性格会变懦弱，内心的不协调则会减弱每一个行动的效果。这是一件需要高度重视的事，也是家庭教育和学校教育必须深思的首要课题。孩子的精神其实很高尚，至少比我们想象得要高尚得多。孩子经常感到痛苦，不是因为不想做那么多事，而是不愿意做那么多毫无意义的事。孩子渴望做的是那些与他们智力和尊严相符的事情。我们的学校在全世界有上千所，在这里看到了很多孩子，他们做出的许多事情连父母都难以想象。孩子工作时的表现，证明他们能够长时间地做一件事而不觉得疲劳，能够专心到几乎与世隔绝，这些都是孩子人格发展过程中的一方面。孩子在文化方面显得特别早熟，4岁半的孩子已经学会写字，并且非常热衷于享受其中的乐趣，我们将这一时期孩子热衷于绘画和写字定义为"画写爆发"。

他们看起来很享受这一过程，一点也不觉得劳累，看上去是那样的健康、安静、纯真而快乐。由于父母对孩子的管教不当，以致他们浪费了太多的时间和天赋。是成人让他们变得执拗、孤僻和一无是处。成人简单粗暴的管教方法严重破坏了他们独特的个性发展。很多成年人热衷于挽救孩子，试图弥补孩子所犯的错误，殊不知这一切恰恰是成年人一手制造的。我发现成人在教育孩子问题上，似乎陷入了一个迷宫之中，不停地徘徊，但却始终无法找到出口，也就是无法从中走出。只有勇于承认自己的无知和错误，并将错误完全改正，这样才不至于将错误延续到下一代身上，否则他们教育子女之时，又会沿着我们的老路走。

儿童是爱的源泉

在我们学校组织的一些社交活动中，处处透露着我们独有的特点。学生的家长们来自各行各业，文化程度、社会地位参差不齐，很多人混杂在一起。但是他们之间相处得很融洽，每次开会都很圆满。世界各地的家长来参加我们的培训活动，当离开时，他们都已经达到了很高的教育水准，这也是我们的一贯要求。他们当中有各种身份的人，有学员、教授、医生、律师、政府工作人员等。可想而知，这些人有着不同的社会背景，价值观念也不尽相同，为什么蒙台梭利这么小的一个学校会把这帮人聚到一起呢？而且他们还从未发生过摩擦，也没有什么争执或冲突。

没错，这就是儿童的力量。只要我们在社会生活中勤于观察，就会发现这么一个事实：不管人们属于何种政治或宗教团体，他们都会十分亲近和热爱儿童。尽管从教育的角度看，这种态度似乎是矛盾的，但从根本上说并不矛盾，因为父母教育孩子时的心理状态与跟孩子单纯相处大不一样。教育一个孩子需要的是耐心，然而许多家长都缺乏这种耐心，因而变得暴躁、粗野，拒绝和呵斥自己的孩子。问题的关键显然是在成人。而当成人与孩子们交流时，人们的心态则处于一种放松的状态，因为人们知道孩子是单纯的、可爱的，不像其他年龄段的人那样世故圆滑，甚至心怀不轨。

　　儿童的单纯和稚拙，促成了成人之间的团结与和谐，这种团结正是以儿童的爱为基础的。但这种爱到底是什么？也许我们有必要对爱的本质进行深入的探讨。我们可以先看一看诗人和先哲们是如何描述爱的，因为诗人和先哲能够把爱的强大力量以最为完美的方式表达出来。爱的伟大情感孕育了人类的生命，难道还有比爱更美好、更高尚的情感吗？即使那些给整个人类带来死亡和毁灭的人也能被爱的美好情感所感动。因此，不管行为的本质如何，人们的内心深处都蕴藏着爱。这种力量一旦醒来就会发挥作用，触动人们的心灵。

　　我们要使这个世界变得更为和谐，就应该更多地研究爱的内在含义。儿童是人们温情和怜爱的汇聚之点。但没有人能够解释什么是爱，爱的根源在哪里，爱的影响有多大，也没有人能够解释爱对人类的团结有多大的作用。尽管人们之间的种族、宗教信仰和社会地位等各有不同，可一旦儿童成为他们之间的话题，一种友好团结的关系就会在他们之间形成，人们之间的戒心也随之消失了，日常生活中人与人之间以及团体与团体之间的那种隔阂也不见了。与儿童生活在一起，人与人之间的关系就会变得温和、亲切，人们就不会互相猜疑。人的生命恰恰就发源于此。成年人就有一种为了爱而保护他人的冲动。正如我们在儿童身上所感觉到的那样，成年人之间也蕴藏着爱，因为人们之间也有一种团结的力量。没有爱就不会产生这种团结的力量。

尽管存在着战争，人们依然一如既往地对爱进行着讨论，这是一件多么奇怪的事！人们制订了未来团结的计划，这不仅说明了爱的存在，也说明爱的力量是团结的基础。宗教人士在谈论爱，反宗教人士也在谈论着爱，电台、新闻界、路人、受过教育、没受过教育、富人、穷人、持各种各样信仰的人都在谈论着爱。

如果没有更为有力的证据证明爱的力量的存在，我们为什么不对这一重要现象进行研究呢？人们之间的相互仇恨给世界造成了极大的破坏，我们为什么只对爱进行口头的讨论呢？我们为什么不把它作为一个课题来进行分析和研究，使人类能够受益于爱的力量呢？我们应该问一问自己，为什么没有人想过对这种自然力量进行研究，并把它的力量与其他力量联合起来呢？人类把许多精力投入到对其他自然现象的研究上，由此得出不计其数的发现。我们为什么不花点工夫来研究可以团结人类的力量呢？所有能够唤起爱的潜在力量和使爱能够流露出来的工作都应该受到欢迎和重视。诗人和哲人常常谈论爱，似乎爱是一种理想。然而，爱不仅仅是一种理想，它还是一种客观存在。

我们应该知道，我们能够感觉到爱的现实存在，并不能归功于学校教育。人们强烈地呼唤爱，并不是受外界的影响。爱和对爱的渴望不是人能够学到的东西，它是人类生命延续的一部分。只有生命才能真正地表现出爱。

爱的力量是宇宙间最为伟大的力量，更是一种伟大的创造。圣保罗把爱表述得淋漓尽致，他说："如果没有爱，人类甚至天使的语言也只不过是一些无意义的声音。即使我能够预言所有事物，了解所有奥秘，掌握全部知识，即使我的信心能够移山，如果没有爱，也肯定一事无成。即使将我所有的财产接济穷人，即使我舍身成仁，如果没有爱，那又怎样！"

圣保罗的话正是现代文明的一种反映。人类不是已经能够移山填海，甚至创造更伟大的奇迹了吗？但是，如果没有爱，所有这些都没有任何意义。我们已经建立起了庞大的组织体系，为穷苦人提供粮食和衣物，但如果没真正的爱，那又有什么意义呢？

圣保罗说："爱是一种恒久的忍耐，是仁慈；爱是不嫉妒、不自夸、不张狂，不做羞耻之事；爱是没有野心、不谋私利，不发怒、不作恶；爱是对真理和正义的热爱；做任何事情都应该包容、信任、期望和忍耐。"

诗人和先哲们没有对爱进行分析，儿童的发展过程却向我们展示了爱的轨迹。如果我们研究一下圣保罗的话，再看一看儿童，我们就会说："圣保罗的话在儿童身上完整地体现了出来。儿童身上有各种各样爱的财富。"因此，爱不仅仅存在于能够用诗歌和宗教把它表达出来的人的心中，它存在于每个人的心中。它是大自然赋予所有人的奇迹。这种伟大的力量在任何场合都能得到体现。

爱是降生到这个世界上的每个儿童的天赋。如果儿童爱的潜能得到发挥，人类的成果就会无可估量。因此成年人应该谦虚地向儿童学习。然而，爱远远不止这些。在人们的心中，爱已经被蒙上了一层幻想的色彩。我们认为，爱只不过是一种复杂力量的一个方面。这种复杂的力量可以通过"吸引力"和"亲和力"这两个词汇来表述。虽然爱是无意识的，但在生活中，它又可以被意识到。我们所能感觉到的这种力量就是"爱"。

所有动物都有周期性的繁殖能力，这也是爱的一种表现形式。对于人类来说，婴儿长大之后，爱仍在继续，并延伸到了家庭之外。一旦某种愿望对我们有所触动，爱就会迅速地把我们团结起来。爱是大自然为了某种目的馈赠给人类的特殊礼物。它就类似于"宇宙意识"的作用。我们必须尽我们的所能珍惜它、热爱它、发展它。在所有生物中，只有人才能够将爱的力量升华。人还能够通过这种力量将自己劳动和智慧的成果结合到一起。

　　爱不是照亮黑暗的明灯，也不是传播声音的电波，它胜过人类已经发现和利用的任何东西。每个人的心里都具有这种爱的力量。虽然自然界赋予人类的这种力量有限而且分散，但它却是支配人类的所有力量中最为伟大的一个。每个婴儿降生到这个世界，都会给我们带来新鲜的力量。

　　爱的天赋就像是一种特别的恩赐。父母之爱，朋友之爱，长辈之爱，男女之爱，编织出了丰富多彩的充实的世界。正是爱让世界变得微妙而神秘。没有什么能比培养爱心更适合作为孩子的道德教育的终极目标了。爱的教育，就是发展孩子的爱心这一本能，让孩子懂得爱自己、爱家人、爱朋友、爱整个人类生活，值得一提的是，爱心本身就是孩子心智发展的一个核心内容，一个孩子敏锐的观察力和创造力正是源自对周围世界的好奇和热爱。相反，一个没有爱心的人，往往表现得冷漠、麻木、没有激情，从而陷入精神贫乏，失去了创造性和想象力发展的基础。

要为孩子设置适宜的环境

在进行新式教育之前，首先要改变的是学校的环境。我们不仅仅让老师改变职能，还要改变学校的环境，仅仅把教材引入普通学校，这还远远不够。学校本来就应该成为儿童自由活动的场所，在这里他们精神上会得到全面发展，而且身体也会得到很大的发育。学校除了要帮助儿童提高生活质量之外，还要在这里进行童装的改革，使新式服装符合整洁、简朴又适宜活动的要求，同时又能够使儿童学会自己穿戴。也没有什么地方比学校更适宜于实践和普及与营养有关的幼儿卫生学。这是一项社会性的革新，它可使大众相信，由于采取了节约原则，确实花费少而又优雅得体——对，他们所要求的就是既花费少又优雅得体。以上原则尤其适用于住有学生双亲的"楼内学校"，如像最初的"儿童之家"。

在这种相对自由的学校里，房间的要求相当特殊。我们按照心理卫生的要求，将房间面积大大增加，还根据呼吸的需要，用"求容积法"推算出了自由流通需要的空气及相应空间；因为同样的原因，厕所必须增加，洗澡间要设置；生理卫生学进一步要求修建混凝土的地板和可清洗的护壁板，并设有中央暖气系统，有饭食供应；同时花园和宽阔的阳台已被视为儿童身体健康不可缺少的；宽大的窗户可让光线自由进入体育馆宽敞的大厅以及各种各样结构复杂、价格昂贵的设备。其中最为复杂的是学生的课桌，我们提供的课桌是座位和桌子都能自动旋转的，以防止孩子因过于频繁地做相同的运动或长时间固定不动而导致畸形，总之，在学校正可以应用生理卫生学的知识，当然，这要求学校耗费更多的钱，但它能为儿童提供更大的自由活动的空间。不仅如此，如果要达到理想和完美的境界，还应该给孩子提供比"生理"教室大两倍的"心理"教室，以我们的经验，要达到舒适的目的，必须使房间的地面有一半是空着的，不得放置任何东西，这就是使孩子们感到舒服，并可以进行自由活动的空间，他们在这里的感觉肯定要比在一个塞满家具的不太大的房间要好得多。

家具的缺乏的确在卫生学中是一个强有力的因素；这使生理和心理卫生学的要求合二为一。在我们的学校，我建议使用"轻便的家具"，这种家具既简单又非常经济。如果它很容易清洗，那就更好了。特别是对儿童来说，他们将"学会清洗它"，同时又进行了一种既愉快又具有教育意义的练习。以上所提到的"轻便"的家具，从根本上讲应该是"艺术的美"。在这种情况下，美不是产生于臃肿或奢华，而是家具的浅绿色的高雅、和谐与简单、轻便、洁净融为一体。如像儿童们的新式服装一样，比以前的更精致、更简单、更经济。

位于帕利戴罗乡村的"儿童之家"是为纪念古尔瑞尔·贡冉嘎侯爵而建立的。在那个儿童之家里，所摆设的各种家具，桌子、椅子、餐具柜、陶器的形状和颜色、纺织品的图案以及其他装饰，都与古老的乡村艺术格调一致，它们显得那样简单、古朴、优雅、自然、美观、大方。于是我们突发奇想，如果能使这种乡村艺术复活，也许会形成一种新的时尚。如果能制造出如此简单、典雅而得体的家具以代替目前学校的桌椅，而且也不必用那样复杂而又昂贵的材料来制造家具。这样，既讲实用又富于革新精神。

如果有那么一天，各地的乡村艺术都得到了同样的挖掘整理，我们将看到每一地区具有其独特艺术传统的"各种各样的家具"纷纷出现，它将会极大地提高我们的欣赏力和改变我们的一些不良习惯，并将导致一种全面的"启蒙教育模式"。由此，人们现实的艺术情感与远古文明的结合，也许将给在生理卫生学烦扰下受到窒息而对疾病无能为力的现代人注入新的生命。

孩子一旦真正被自己的工作所吸引，就不会有任何东西或装饰可以分散他们的注意力，而美的环境既有助于他们集中思想，又可使他们疲惫的精力得到恢复。可以说，最适合生活的地方也是最美丽的。因此，如果我们希望学校成为观察人类生活的实验室，就必须把美的东西都凝聚于此，就像在生物学家的实验室里，为了培养杆菌就必须准备好炉子和土壤一样。

儿童的用具、他们的桌子和椅子应当是轻便的，不仅使它易于搬动，同时更具教育性。出于同样的考虑，我们给儿童使用瓷碗、瓷盘和玻璃杯、玻璃吸管，因为这些物体最易打破，它们本身就意味着对粗鲁和漫不经心行为的警告。这样，儿童被引导纠正自己，训练自己行动细心、准确，不碰撞、不打翻、不摔坏东西；使自己的行动变得越来越文明和有节奏，并逐渐地成为各种器皿、用具的完全自由和沉着的管理者和爱护者。同样，孩子们将习惯于尽力做到不弄脏、弄坏他周围那些洁净、漂亮和常用的东西。于是，他便在自我完善方面取得了进步；他们的各种动作将保持统一与协调，他们的活动更加灵活、自由。我们可以经常让儿童聆听恬静、优雅的音乐，在接受过这种熏陶后，他们就会对噪声和吵闹感到厌恶，同时也会约束自己不随意发出这类不和谐的声音，也尽量避免与别人争吵。

在一般的学校里，那些沉重的、坚固的，甚至搬运工人也难以搬动的课桌，即使碰撞上 100 次，即使在这样的黑色桌椅上洒上千百个墨迹，即使把这种金属盘掉在地上 100 次，它们既不会破损，也看不出污迹！然而，却使孩子们长期沉浸在自身缺点的海洋里而毫无觉察，因为他们的环境有利于隐藏自己的错误，且鼓励他们施展魔鬼般的伪装伎俩。

孩子需要运动，这已是人们普遍接受的原则。所以，当我们谈到"自由的儿童"时，一般是指孩子们能够自由地运动，包括自由地跑跑跳跳。经过不断的努力，到今天，差不多所有母亲都接受了儿科医生的建议，就是让孩子们到公园去，在草坪上玩耍，在室外自由地活动。当我们谈到学校儿童的自由时，立刻联想到儿童身体自由的某些生理学的概念。我们往往把儿童的自由想象成为孩子跳上课桌做各种危险的动作，或者疯狂地碰撞墙壁，或者是在宽阔场所自由活动。由此我们假设：如果将儿童禁闭在一个狭小的房间里，将不可避免地在暴力和障碍之间产生冲突；紊乱是不能与有秩序的工作共存的。

在心理卫生领域，自由运动并不仅仅局限于身体的自由这种非常原始的状态。当我们讨论如何看待儿童的自由活动时，可以与一只幼犬或一只小猫的活动作为对比，无论幼犬还是小猫，都可以自由地跑和跳，而且它们也有能力这样做，孩子们经常在公园和田野里又跑又跳的情形也是如此。如果我们以这种自由运动的观念对待鸟儿，我们的许多做法就会对鸟儿有利，比如，我们会在鸟笼里的合适位置绑上一根或两根交叉的树枝，以便于鸟儿自由地上下跳跃。当然，不管我们作出怎样周到的安排，对于一只曾在广阔无际的平原上自由飞翔的鸟儿来讲，被关在笼子里总是不幸的。

我们从来没有想过：如果为了保证一只鸟儿或一只爬行动物的运动自由，为它们提供不同的环境是必要的；那么，为我们的儿童提供与小猫和小狗类似的自由不会是一种错误吧！实际上，在一般情况下，让儿童自己去做练习时，他们会表现出不耐烦，容易吵闹和啼哭，大一点的孩子则企图发明什么；或者让他们去做那些毫无兴趣的为步行而步行、为跑而跑的练习时，他们会感到难以忍受，甚至感到屈辱。因此，让儿童循规蹈矩地活动很少有良好效果，也无助于儿童的发展。它只有一个好处，那就是对于儿童的消化及生长发育有点帮助，而更多地使他们的行为变得粗野，发明一些不适当的跳跃和蹒跚步态以及各种危险动作。很明显，他们完全不像自由的小猫那样，在它们的运动中显得优雅迷人，通过自然而轻松的跑跳来完善自己的动作。儿童的运动本能表现不出任何优雅，以及任何对于完善其动作的自然冲动。所以，我们可以肯定，能满足小猫的活动是不能满足儿童的，如果儿童的本性与猫不同，他们自由活动的方式也必须是不同的。

如果儿童在运动中没有智能方面的含义，也没有人对他们的运动进行有效的指导，那么，他们在运动中就会感到厌倦。这是可以理解的，当我们被迫去做一些漫无目的的动作时，就会感受到一种可怕的空虚。我们知道，为了惩罚奴隶，人类曾发明了一种残酷的刑法，那就是强迫他们在地上挖深坑，然后又让他们把刚挖好的坑填平，这种惩罚的目的就是让他们从事毫无目的的工作。

对疲劳的实验表明，与等量的无目的的工作相比，伴随智力上的有目的的工作较不易使人疲劳。因此，今天的精神病医生建议，不是通过"户外锻炼"，而是通过"户外工作"来治愈神经衰弱。

查清这两者的差别很重要。前者没有什么目的，它只是一种持续的活动。比如除去灰尘、擦洗一张小桌子、扫地、洗刷鞋子、铺地毯，这些都是为了维护主人的东西所从事的工作，与技术工所做的工作截然不同，技工是用智力去生产产品的。前者只是一种简单劳动，它不需要投入多少智力活动，它只需要做一些简单的动作；后者则是一种建设性的工作，它需要一些最基本的智力准备，需要协调一系列与练习有关的肌肉运动。

最主要的是，这种简单工作适合于儿童，儿童必须"进行"自我训练，从而学会协调自己的动作。这种工作是与"自由运动"的心理原则相一致的所谓的"实际生活训练"所构成的。因此，它必须准备"一个适宜的环境"，就像我们应在鸟笼里放置树枝一样，让儿童自由地发挥自己的模仿和活动的本能。儿童生活环境设施及用具应与儿童的身体和力量成比例：能搬动的轻家具、手能够到的低食品柜、容易操作的锁、带有小脚轮的柜子、易于开关的轻便门、墙上高度合适的衣夹、小手能握住的刷子、大小适度的肥皂块、大小适合的脸盆（适于儿童盛水与倒水）、轻巧的圆柄扫帚、容易穿脱的衣服……这些都是足以刺激其自发活动的环境。在这样的环境中，儿童可以逐步完善其协调动作而不感到疲劳，并学会人类活动的优雅与灵巧，如像小猫完全在本能的引导下学会优雅和灵巧的动作一样。

给儿童提供一个可以自由活动的场所，有利于他们进行自我训练和发展，同时也是形成人的一个重要条件。儿童通过与其他人一起活动，逐渐形成自己的社会意识。他们非常满意自己所做的一切，身处在受保护和控制的环境之中，他们的意识得到了升华。儿童在个性发展过程中，培养了自己的品格和意志，在全心全意完成工作任务的同时，得到了一种理性的快乐和升华。在这种环境中，儿童可谓是如鱼得水，充分享受着精神上的满足，同时身体又可以健康成长。

◇ 让孩子接受自然教育 ◇

园林学和园艺学是自然教育的一种方法。它不仅是身体锻炼方面的自然教育，也能通过培养观赏植物让儿童学习园艺。现代儿童教育的理念必须是也只能是促进儿童个体身心两方面的发展。农作物和动物培育本身就包含着道德教育，其含义和作用都极其丰富。

高情商家教思维

1. 如何引导孩子接受自然教育?

_____

_____

_____

2. 你认为教育儿童的本质是什么?

_____

_____

_____

_____

3. 为什么说"儿童是爱的源泉"?

_____

_____

_____

4. 如何为孩子设置适宜的环境?

_____

_____

_____

_____

第四章

独特的育儿方法

"任性"的儿童或许会声嘶力竭地哭闹，不让别人帮他洗澡、穿衣或梳头。这种戏剧性的冲突表明，儿童想靠自己的努力成长。

有关儿童的运动

　　我们都知道，生命在于运动。儿童作为一种"动物"，也就是说他必须要活动。"动物"一词在原初的意义上，已然包含了一层重要的含义，那就是它具有与石头、树木等事物相区别的一种活动能力。大自然的动物在生存竞争中的跑动、追逐和逃窜，这些活动都是对动物生存能力的训练，对于儿童来说，同样如此。儿童需要运动，儿童需要运用他们的双手来促进自身的发展，他们需要能让他们运动的东西，并给他们提供活动的机会。为了促进心智的发展，儿童在周围的环境中寻找用来看和听的东西。

　　儿童的运动并不是偶然的情况。他们在自我的指导下，对这种有组织的运动进行必不可少的协调工作。经过无数次的协调经验，他们的心智不断发展，表达能力也在不断地自我协调、组建和统一。因此，儿童必须能自由地决定和完成他们想做的事。由于他们正处在自我塑造的过程中，所以他们的运动有一个特征，就是这种运动并不是出于偶然和漫无目的。

　　儿童想要去扫地、洗盘子、洗衣服、倒水、洗澡、梳头、穿衣，等等。儿童在做某件事之前，已经知道他们想做什么。他们看到另一个人在做某件事时，自己也渴望去做。

儿童并不仅仅是在漫无目的地跑、跳和拿东西。他们的建设性活动是从别人的活动中得到的启发，他们努力地去模仿成人使用或处理物品的方式。他们还试图在使用同一个东西时，和成人做得一模一样。只不过他们使用东西的方式对成人来说，常常是不可理解的。儿童通常在1岁半到3岁之间会发生类似的情况。

例如，一个18个月大的儿童发现一摞刚刚熨平的毛巾整齐地叠放在一起。这个小家伙会拿起其中的一块毛巾，极小心地捧在手里。他把一只手放在毛巾上面，以便毛巾不会散开。他就这样托着毛巾，走到房间斜对面的角落，把它放在地板上说"一块"，然后又像他来的时候那样走回去。

等他穿过房间之后，又用同样的方式拿起第二块毛巾，小心翼翼地捧着它并沿着同样的路线走到角落里，把它放在第一块毛巾的上面，又说了一遍"一块"。他不断地重复着这项工作，直到把所有的毛巾都拿到那个角落为止。然后，他把这个过程倒过来，又把所有的毛巾一块一块地放回原先的地方。虽然这些毛巾不像最初放置得那样完美，但仍然折叠得相当好。这对儿童来讲是幸运的，因为在这个漫长的调换过程中，没有其他的人打扰他。

还有一项令儿童着迷的活动，是取下瓶盖，然后再把它盖上。孩子们特别喜欢玩能反射出七色光的瓶上的盖子。取下瓶盖再盖上瓶盖，似乎是他们最喜欢的一项工作。还有一项儿童喜欢的工作是，把水瓶和盒子的盖子拿下来再盖上去，甚至是打开再关上橱柜的门。

这些东西对小孩有一种天然的吸引力，但父母会禁止孩子碰它们。这种冲突会导致儿童发脾气。但实际上，儿童并不是真想要一个瓶子或墨水瓶，他们只是想要一个能有同样玩法的东西而已。这样的行为可以被看作是人类第二次不够成熟的努力。

儿童的秩序感

————

　　孩子的心灵是神秘莫测的，我们有时很难理解他们的内心世界。在很多情况下，婴儿会出人意料地哭泣，并且排斥大人们的安抚。这究竟是为什么呢？其实很多时候是因为，孩子发现原来的秩序感遭到破坏，于是会觉得身心不舒服，从而哭闹起来。当一件物品放错了位置时，孩子会最先发现，并把它放回原处，而成人往往注意不到这种细节问题，例如，当一只鞋子放在不恰当的地方或者毛巾没有放回卫生间，一个 2 岁的孩子会突然注意到它，并把它放回原处。

　　孩子对秩序的敏感是如此强烈，让大人们不得不为之叹服！而且这种对秩序的敏感性在他们很小的时候就表现出来了，一个不到 2 岁的孩子在表现这种对秩序的敏感和不满时，用的不是语言而是他们唯一用来表达不满情绪的方式——哭闹。在这段特殊的时间，对他已经熟悉的秩序作出敏感反应成了指导他们行动的指南。

　　孩子对秩序的敏感，在他们出生后的第一个月就表现出来了。当他经常看到的东西总是放在恰当合适的地方时，他会高兴。一且发现东西摆放的秩序混乱，他们就会感到不舒服，甚至哭闹。这就是孩子所特有的对秩序的敏感表现。父母如果意识不到这一点，就很难理解孩子莫名其妙的行为。

在成长的过程中，孩子们都存在一个对秩序极其敏感的时期，这种状态从孩子出生后第一年就会有，而且会一直持续到第二年。当孩子们看到有些东西不在原来的位置上时，他就仿佛受到了强烈刺激，非常希望那个东西回到原来的地方。对于孩子来说，当这种秩序感的需求得到满足时，就会感到快乐和满足。

有一次，一个老师不小心打翻了一个盒子，里面装着 80 种颜色不同的小方块。当时老师很窘迫，因为要把这么多颜色不同的小方块再重新排列起来很困难的。几个孩子看到后跑过来，迅速地把小方块按正确的颜色顺序排列起来。这种自由选择排列的能力让老师大为惊讶！还有一次这位老师迟到了，到教室一看孩子们竟然自己拿挂在墙上的钥匙打开柜子，拿出了玩具，而且各自挑选自己喜欢的玩具在玩。

后来老师让他们自己去做，结果发现他们非常乐意去把自己的东西放置好，并且每件物品看上去都摆放得很整齐。3 ~ 4 岁的孩子，最乐于做的事情就是把小东西放回到过去习惯放置的地方。他们在自己适应环境的同时，还能够掌握周围的事物，而且在这样的环境里生活，他们会感到平静和快乐。

孩子对秩序的需要犹如鱼儿需要水、马需要陆地一样。就算闭着眼睛行走都能找到他熟悉的东西，这一点对孩子来说十分重要。秩序感使他们意识到每样物品都应该有自己合适的位置，而且他们也能记住每件东西原来的位置。这能让他们感觉到这个世界所带给他们的稳定和安全。

有关"宁静"的训练

　　有一个非常重要的练习，可以让孩子尽快地注意到声音之间的特殊联系，它与听觉训练不同，它不是制造声音，而是尽可能地消除周围环境中的各种声音。我们教孩子"不要动"，要求孩子尽量抑制住运动神经冲动，以促成身心真正的"宁静"。但我们也不能单靠嘴说"静静地坐着不许动"，要给孩子做个榜样，给孩子示范如何能够绝对一动不动地坐着：脚不动、身体不动、手臂不动、头也不动。呼吸运动也应该放轻，避免发出声音。

　　孩子要做好这个练习，最基本的条件就是找到一个舒服的姿势，即保持平衡的姿势。所以，当孩子要坐下来做这个练习时，无论他是坐在小椅子上还是坐在地上，都必须让自己坐着舒服。同时，让房间内的光线保持柔和，否则孩子会闭上眼睛，或用自己的小手蒙住眼睛。

　　当一切都安静下来时，孩子仿佛发现了一个充满声音的新世界，但这些声音虽然侵袭了这深沉的宁静，却并没有扰乱它。当孩子熟悉"宁静"后，他们感觉声音的能力也更强了。对于感受过"沉静之美"的孩子来说，那些过于喧闹的声音逐渐变得令人讨厌了，他的心灵，也希望从喧闹中解脱。

在"儿童之家"，当老师点过孩子们的名字后，"宁静课"就算结束了。老师或者其中一个孩子，坐在班级后边或是在隔壁的房间里，一个一个点名，来唤醒那些处于沉静中的孩子。点名时，注意要小声些，声音不能太大。当孩子听到别人点他的名字时，他就站起来，向传出声音的那个地方走去。

自此，孩子们继续完善自我，他们走路时动作轻微，注意不要碰到家具，移动椅子时不弄出一点声音，小心翼翼地在桌子上放东西。教育的效果可以从孩子们举止的优雅上体现出来。还可以非常肯定地说，这个练习能够培养孩子的社会精神，让孩子获得更多的与他人合作的意识，克制能力也由此得到增强。

一堂宁静课，它证实了能够达到安静的最成功的教育方法。一天，当一名老师走进一个"儿童之家"，在院子里碰到一位母亲，她抱着她4个月大的孩子，这小家伙还在襁褓中裹着。这个安静的小家伙像是平静的化身。这名老师把他接过来，抱在自己怀里，他仍很安静。她抱着他走向教室，从教室里跑来的孩子们伸开双臂，拉着她的裙子，几乎要把她撞倒。她向他们微笑着，让他们看这个小家伙。他们懂得这个意思，在他身边跳着，闪着快乐的眼睛看着他。她与簇拥着她的孩子们一起走进教室。他们坐下，老师坐在一张大沙发上，不像平常那样坐在他们的小扶手椅上。她是严肃地坐着的。他们带着既温柔又高兴的神情看着她抱着的小孩，谁也没有说话。

最后她对他们说："我给你们带来了一位小老师。"孩子们立刻报以惊奇的眼光和愉快的笑声。她接着说："是的，一位小老师，因为你们谁都不知道怎样做到像他这样安静。"这一下，孩子们都变了姿势，变得安静了。

"还没有一个人的手脚像他这样安静。"每个孩子都认真注意自己的手脚姿势，老师微笑着看着他们，"你们总要动一下，但他一点也不动。"

孩子们严肃地看着。关于这位小老师比他们更行的想法，看来已为他们接受了。老师说道："你们谁也不能像他这样安静无声。听他的呼吸多么微弱！你们轻轻走近点听一听。"

有几个孩子站起来，踮着脚尖慢慢走到婴儿跟前，弯腰听着。更加安静了。

孩子们惊奇地看着周围，他们从未想到，即使他们安静地坐着仍会发出声音，也从未想到，小婴儿比长大的人更能保持安静！他们几乎停止了呼吸。

老师这时站起来，说道："悄悄地走出去，踮着脚尖走，别出声！"她跟在他们后面说："我还是听到一点声音，但是只有他，这个婴儿和我一起走，没有发出任何声音。他无声地走出来了！"

孩子们笑了，他们理解了老师说的真理和笑话。老师走去开窗户，并把婴儿递给了看着他们的那位母亲。这小家伙似乎留下了他微妙的魅力，占据了孩子们的心灵。事实上，自然界没有什么东西比新生婴儿的呼吸更优美。在这个人类的小生命中，凝聚着力量和新奇，体现着人类生命的威严。孩子们也在这个人类新生儿生命的安静之中感到了诗情和美意。

无逻辑和目的性的活动

成年人的活动往往都带有一定的目的性和逻辑性，儿童在此之前就已经有了一定的目的性活动了。只是我们成年人对那些东西的使用方式与儿童大不相同。

为了发展自己的心灵，儿童必须通过自身的运动，通过手的活动，才能发展自我，因此，孩子需要有一些能使他工作的物体，以便让自己获得活动的动机。当孩子的小手第一次机灵地活动，意味着他想把自我融入世界中去。对于这样的活动，成人应该加以赞美。但在许多家庭里，孩子的需要被粗暴地拒绝了。婴幼儿周围的东西属于成人所有，并为成人所用。对婴幼儿来说，这些东西成了禁忌。大人害怕那些小手伸出去拿一些他们所爱护的东西，并无意中将其损坏。基于这种顾虑，大人筑起了一道防线，他们千方百计把这些东西隐藏起来，或放在孩子够不着的地方，他们老是说："不许碰！"正如他们曾对孩子的呵斥："别动，快安静下来！"

然而这种"不许碰"能带来什么效果呢？我们知道，手受大脑的控制，与智力的发展密切相关，如果手得不到运用，他的性格形成就会处于一个很低的水准，而这样的孩子也往往表现得不听话、懒惰和情绪低落。而能够使用手的儿童，比不能使用手的儿童发展得更快，性格明显要坚强。

因此我们应该热切地期待着孩子朝外界伸出小手，这是小手第一次有智慧的举动。这个动作的最初意义代表孩子自我进入了外部世界之中。正是通过手的活动，孩子发展了自我，丰富了自己的心灵。

孩子手的运动的最早象征是抓取或拿。随后，动作有了新的发展，它已经不再像以前那样是一种本能的动作，而是变成了一种有意识的动作。10个月时，婴儿对周围世界的观察唤起了他对抓取的兴趣，且渴望掌握。在这种渴望的驱使下，婴儿不再是单纯地抓捏东西，而成了手的练习。他们此时做的不仅仅是一种简单的抓的动作了，而是通过挪动物体来充分表现自己手的能力。

还不到1岁时，婴儿的两只小手就开始忙个不停。橱柜和有盖的箱子的开关，衣柜的抽屉拉出和推进，瓶塞的取出和塞回，篮子里零散的东西的拿进拿出，等等。正是通过这些努力，婴儿就越来越能够控制他的双手了。在1岁半时，儿童开始希望用手拿一些重东西，这就需要腿来对他进行支撑。作为人类活动工具的腿可以把他带到任何想去的地方，但带到目的地之后，具体工作则要由手来做。

理论上讲，儿童这种渴望运动来锻炼自己的心理应该很容易被理解，但在现实生活中却难以实现。其原因是成人心里存在着极深的障碍。因而一个成人，即使表面上同意儿童自由触摸和搬运东西的要求，他也会发现自己无法摆脱内心禁止这个儿童的冲动。

有一位母亲，虽然没有限制她3岁半的孩子搬东西，但却总想替他做点儿什么。有一天，她看到儿子把一只装满水的水罐拿到客厅里去。她注意到，他处于高度的紧张之中，并缓慢地、费力地穿过房间。他一边走一边对自己说："小心，小心！"这罐水很重，孩子的母亲终于忍不住要去帮他了。她拎起水罐，把它拿到他要去的地方，但这个孩子看上去十分伤心。孩子的母亲承认说她也很难过，但她依然认为她这么做是对的。许多家长或许都有跟她一样的想法，亦即虽然孩子正在做的事是有意义的，但却又认为让孩子搞得精疲力竭，并且浪费很多时间是不值得的。

但后来这位母亲完全承认了自己的错误。如果深入研究，就可以发现，母亲之前的表现，正是对孩子的吝啬，它产生于要保护自己财产的欲望。不过这里面并非存在什么本质性的冲突，因为母亲不是反对孩子拿取某个东西，而是害怕孩子把珍贵的东西弄坏。因此，这位母亲完全可以走一条折中的路线，在家里放置塑料杯，或质量很好的玻璃杯，让孩子拿一个这样轻巧的东西，再来看看会发生什么事。

这位母亲确实这么去做了，她发现她的孩子拿着杯子时十分小心，每走一步都要停一停，最终，他安全地把杯子放到了目的地。整个过程中，孩子的母亲由于两种感情激动不已，一种是为她儿子的工作感到高兴，另一种是为她的杯子担心。但她还是让儿子完成了这项工作，因为孩子非常渴望做这件事，这对孩子的心理发展极为重要。

一个成人如果不理解儿童喜欢活动的重要性，他就会对儿童第一次表现出这种本能惊讶不已。对于成人来说，为了满足儿童的需要，必须做出牺牲，必须抛弃他的某个脾性，降低对环境的要求。如果不让儿童接触他周围的环境，就会阻碍孩子的成长。

事实上，有心的父母都不难找到解决冲突的办法，那就是给孩子准备一个"有准备的环境"，让孩子能在其中实现自己强烈的渴望。孩子想要从事活动，就得要有东西来配合，这样的东西能够"刺激活动"。

3～6岁年龄段通常也被称为"玩的年龄"。这个年龄段的儿童需要接触各种不同的东西。人们认为借助大量玩具，就能满足儿童的需要，但儿童真正的需求并不是玩具。在"儿童之家"，专门有一个为3～6岁的儿童设计的"有准备的环境"：一个小房间，使儿童能够像在他们家里一样玩耍——房间里的小桌子、小椅子、小盘子和小碗都是为儿童准备的，他们可以自己清洗碗碟，自己摆桌子，自己打扫卫生，并且可以自己穿衣服。

儿童将要进入的社会生活，对于他们来说是非常新鲜的，这些类似于现实生活中的东西比玩具更有意义。在玩具业不发达的国家，儿童们也表现出不同的活动兴趣。尽管没有玩具，他们同样保持着对外界事物的敏感和快乐。他们的唯一想法就是融入周围环境中去。他们与成年人做着几乎同样的事情。当他们的母亲洗衣服、做面包或蛋糕时，他们也会参与其中。虽然这些行为也带有模仿性，但这是一种有选择性的、聪明的模仿。儿童想通过这些行为为自己参与周围环境做准备，也是为了满足自我发展的需要。因此作为老师或父母，应该向儿童提供各种各样能够模仿周围事物的东西。这些东西是为孩子特制的，大小、轻重对于孩子来说都非常合适，甚至设计一个房间，专为满足儿童的需要，让儿童在里面自由玩耍。

在"儿童之家"，儿童获得了他们真正需要的东西，而正是这些东西，使儿童得到了真正的快乐，并改变了他们的性格，让他们具有了独立的倾向。这些孩子好像在说："我要自己做事情，不要你们的帮助。"他们似乎突然间就成了一个不需要帮助、能够自给自足的人！儿童在这个小环境里获得的巨大收获，将帮助他们逐步适应社会生活，并逐步形成自己的性格。这样做不仅仅给儿童带来了快乐，还打开了他们成长的大门。

读书和书写教育方法

我记得在罗马心理矫治学校当教师的时候，就已经在不断地尝试着用各种教学方式来读写实验了。在此之前，我从没这么干过。

伊塔德和塞昆没有提供教孩子们书写的任何合理方法。那么，塞昆是如何进行字母教学的，在此我引用塞昆关于书写教学的一些说法：

"要想让一个孩子从画图案过渡到书写——这也是画图案最直接的应用——我们只需说'D'是一个圆的一部分，然后将这个半圆两端放在垂线上；'A'则是两条斜线在顶端交会，中间被一条水平线截断，等等。"

"我们再也不需要担心孩子将如何学习书写：他会画图案，就会写。不用说，我们应该让孩子根据对比和类比规律来画字母。例如，在O旁边是I，在B旁边是P，在T旁边是L，等等。"

既然是这样，是不是没有必要教孩子写字？只要会画图案的孩子，就能够写？可是，书写就意味着要写字母！塞昆在其书中的其他地方也没有解释他的学生们是否应该用任何其他方式进行书写。相反，他用大量的篇幅描述了如何画图案——既为书写做准备，其本身又包括了书写。但这种方法到处是困难，只有把伊塔德和塞昆的尝试结合起来才能够进行。

　　画图案时得到的第一个概念就是画图案所需要的平面。第二个概念就是画线或描画。所有图形和线条的产生都有赖于这两个概念。这两个概念是相关的，它们之间的关系产生出构思或者说画线条的能力；只有当线条遵循着确定的方向时，才能够称其为线条；没有方向就不是线条；随意画出来的不能称为线条。

　　相反，一个有意义的符号拥有一个名称，因为它有确定的方向，所有字或图案都是不同方向的线的复合。因此，在开始一般意义上的书写之前，我们必须坚持这些关于平面和线条的观念。普通的孩子通过直觉获得这些观念，但为了使智力发育迟缓的儿童在运用这些观念时能做到仔细而敏感，就必须向他们强调这些观念。通过有条不紊地画图案，这些儿童就会与平面有合理的接触，并且通过模仿，可以画出一些起初比较简单、而后逐渐复杂起来的线条。

　　应该这样来教孩子：第一步，描摹各种不同种类的线条。第二步，描摹不同方向的线条，并且在平面上的不同位置进行描摹。第三步，把这些线进行组合，形成从简单到复杂的各种图形。因此，我们必须教会学生区分直线和曲线、水平线和垂直线以及各种斜线；最终要让孩子们弄清楚两条或者更多条线的交会点在构成一个图形中的重要作用。

这种对图画的理性分析在各方面都是如此重要，以致一个已经学会了写很多字母的孩子花了6天时间学习画垂直或水平线，在能模仿画曲线和斜线之前花了15天时间。确实，我的大多数学生在尝试向一个确定的方向画线之前，甚至无法模仿我的手在纸上的运动。即使最具模仿能力的孩子也将我画给他们看的图形画错了，而他们所有的人都把相交点弄混了，无论这些相交点有多么明显。事实上，我已经教给了他们关于线条和结构方面的详尽知识，这些知识本来应该能够帮助他们在平面和各种不同的标记之间建立起联系，但我的学生都是有缺陷的，他们在垂直线、水平线、斜线和曲线上面所能取得的进步是由他们在理解方面面临的困难以及他们在画这些线的时候其智力的高低和手的运动是否稳定决定的。

在此，我不是说我仅仅是让孩子们在进行一件很困难的事情，因为我已经让他们克服了一系列的困难，因而，我问自己，是否有些困难还不够大，是否因为这些困难不像数学中的定理那样环环相扣。下面就是我的一些想法。

垂直线是可以用眼睛和手直接上下追随的直线，水平线对于眼睛和手来说位置比较低，并且要追随一条曲线，就像地平线一样，也正是从地平线那里得到了水平线这个名字，就不那么自然。

斜线显示着更加复杂的相对概念，并且相对于平面来说变化更多，因此，研究斜线是浪费时间。那么，最简单的线就是垂线。下面就是我们将这一概念教给学生们的方法。

第一个几何公理是：从给定的一点到另一点只能画一条直线。

从这个原则出发，我在黑板上画上下两个点，然后用一条垂直线把它们连接起来。我的学生也在他们自己的纸上尝试着和我做同样的事情，但有的学生把这条垂线画得斜到了位于下面的点的右侧，有的则斜到了左侧，更不用说那些将线斜向各个方向的学生了。这种错误经常是由智力或者是视觉方面的缺陷造成的，而不是手的缘故。为了减少出现偏差，我认为对平面的范围进行限定是明智的，我在点的左右两侧各画了一条垂线，这样孩子们就能够在这个封闭的区域内通过画这两条线的平行线将这两点连接起来。若这两条线还不够用的话，我就在纸的两边各放上一把垂直的尺子，这就绝对能够防止偏差的出现。然而，这种限制并不能长时间地发挥作用。我们先禁止使用尺子，并回到使用两条平行线的方法，智力发展迟缓的儿童也学会了在这两条线之间画出第三条垂线。然后，我们随便擦掉一条线，只留下或者是左边或者是右边的线，后来我们将留下的线也擦掉，最后把那两个点也擦掉，先擦掉的是标示了这条线的起点和手的起点的上面那个点。这样，孩子们就能够学会不使用辅助手段，而且在没有点的比较的情况下画垂线。

在水平线的教学中用同样的方法、同样的指导方式，也面临着同样的困难。如果偶尔在开始时画得很好，我们还必须要等待，孩子会由于我在前面解释过的原因自然而然地在将其向两边延伸的过程中将其画成曲线。若这两个点还不足以使孩子们画出一条水平线的话，我们就可以像上面一样使用平行线或者是尺子来避免偏差。

最后，让他画出一条水平线之后，我们就把这条水平线和垂直的尺子放在一起形成直角。这样，孩子就会开始明白究竟什么是垂线和水平线，当他画出这样一个图形的时候，也就会明白这两个概念之间的关系了。

"在教孩子们画线的过程中，表面上看来应该在孩子们学会画水平线和垂线之后，立即教他们画斜线，但实际上并不是这样！因为如果垂线发生偏斜，或者水平线的方向发生变化，都会与斜线相似。因此，如果在没有任何准备的情况下就教孩子画斜线的话，对他们来说就太复杂而无法理解了。"

赛昆对不同方向的线条用了较大篇幅来论述。他让学生们在两条平行线中练习。他同时还提到了四条曲线的问题，并让学生们在垂直线的左右、水平线的上下画线。他总结道："我们找到了解决问题的方法——垂直线、水平线、斜线和四条曲线，这四条曲线的结合构成了一个圆。这样就包含了所有线，也包含了所有书写。"

"进行到这一步之后，伊塔德和我停顿了很长时间。孩子们已经了解了线条，下一步就是要让他们画一些规则的图形，当然，应该从最简单的开始。根据一般的看法，伊塔德建议我从正方形开始，我按照他的建议进行了三个月，但是却无法使孩子们明白我的意思。"

塞昆在自己的有关几何图形的思想指引下，经过长时间的试验，开始意识到三角形是最容易画的图形。

当三条线相交时，总是形成一个三角形，而当四条线从各个不同方向相交时，如果不能保持平行，就不能呈现出一个完美的正方形。

"从这些实验和许多其他的实验中，我得出了对智力发展迟缓儿童进行书写和画图案教学的首要准则，该准则的应用是如此简单，以致不用再做进一步的讨论了。"

　　这就是我的前辈们对缺陷儿童所使用的书写教学方法。至于阅读，伊塔德采取了如下方法：在墙上钉上钉子，然后挂上各种木质几何图形，比如三角形、正方形和圆形。接下来，他在墙上画出了这些图形的精确图案，然后拿走木质几何图形。伊塔德通过这种设计构想出了平面几何教具。最后，他制作了一些很大的木质字母印模，并按照同样的方式做出了许多字母印痕。他在墙上画出这些图形的精确印痕，然后再拿走这些图形。伊塔德通过这种设计构想出了平面几何教学用具。他利用墙上的印痕，将钉子进行排列，使孩子们可以将字母放在上面，并且可以自由地取下来。后来，塞昆用水平面替代了墙面，将字母画在一个盒子的底端，然后让孩子们在上面加字母。

　　在我看来，伊塔德和塞昆所使用的阅读和书写教学方法是不必要的。这种方法存在两个根本性的错误，使得这种方法不及对正常儿童所使用的方法，那就是：写印刷体的大写字母以及通过对几何的学习来为书写做准备，我们认为只有中学生能够做到这一点。

　　塞昆突然从对孩子的心理观察、从孩子与周围环境的关系，转换到了直线的产生和直线与平面的关系，完全混淆了概念。他说因为"自然的命令"，孩子们乐于画垂线，而水平线会很快转变成曲线。这种"自然的命令"是通过人们将地平线看成曲线表现出来的。塞昆举这些例子的目的是为了说明特殊训练的必要性，它使人们能够适应观察，能够指引理性思维。观察必须绝对客观，换句话说，必须排除先入为主的见解。而在这个例子中，塞昆存在着几何图形一定是书写的准备这样一种先入为主的见解，阻碍了他去发现一个对于书写准备来说非常必要的自然过程。另外，他还事先主观认为存在直线的偏差，并且认为这种偏差的不准确性都是由于"头脑和眼睛"，而不是"手"。

所以他花了几个月煞费苦心地给智力发育迟缓儿童讲解线的方向，指导他们的视觉。看上去塞昆好像认为一种好的方法必须要从高起点——几何——开始；孩子们的智力只有在与抽象事物有关系时才值得关注。这不就是一个很常见的缺陷吗？

让我们观察一下平庸的人，他们很傲慢地认为自己十分博学，并蔑视那些简单的东西。再让我们研究一下那些被认为是天才的人的清晰的思想。牛顿在室外静静地坐着，一个苹果从树上掉了下来，他看到了并且问"为什么"。这种现象从来就不是微不足道的，从树上落下的苹果和万有引力在天才的头脑中是比肩而立的。

如果牛顿是一位儿童专家的话，他一定会让孩子们仰望布满星星的夜空。然而一位博学的人却很可能会认为让孩子们理解对于天文学来说很重要的微积分是必需的。但伽利略通过观察悬挂在高处的摇摆的吊灯，就发现了钟摆定律。

在智力领域里，简单就在于要摆脱头脑中的各种先入之见，这会导致新事物的发现，这就像在道德领域里，谦卑和物质贫困能够指引我们达到精神上的高境界一样。

如果研究一下人类的发现史，我们就会发现它们都来自真正客观的观察以及逻辑思维。这些都是非常简单的事情，但却很少有人能发现。

比如，在拉韦朗发现能够侵入红细胞的带疟疾的寄生虫之后，尽管我们知道血液系统是一个封闭的管道系统，但是我们仍质疑注射疫苗预防疟疾的可能性，这看起来难道不奇怪吗？相反，认为邪恶来自低地、来自非洲风的吹送、来自潮湿的荒谬观点却被人相信。然而，这些都是模糊的概念，而寄生虫却是个确定的生物种类。

大量的时间和智力都在这个世界中损失了，因为错误观念似乎很强大，而事实却如此渺小且无关紧要。

我说所有这些的目的在于为这样一种必要性——通过更加理性的方法来教育未来的几代人——而辩护，我觉得这正是我们所面临的情况。正是从这些后代开始，世界要取得巨大进步。我们已经学会了利用我们周围的环境，但我相信我们已经到了这样一个时刻——通过一种科学的教育来发掘人类的力量的必要性已经显现出来了。

再回到塞昆关于书写教学的方法这一话题上来，这一方法说明了另外一个事实，也就是在教学上我们所走的是一条曲折的道路。这也是一种使事物复杂化的本能，类似于我们倾向欣赏复杂事物的本能。塞昆给孩子们讲授几何是为了教孩子们进行书写，让孩子们努力去学习抽象的几何却仅仅是为了写出一个印刷字母"D"。孩子不是必须要再做出努力去忘记印刷体而去学习手写体吗？

即使是现在，我们依然相信为了让孩子们学会书写，必须首先学写竖直的笔画。这一坚定的信念相当普遍。然而，为了写出字母表中丰满匀称的字母而从直线和锐角开始练习，这看上去并不自然。

说实在的，对一个初学者来说，想要写出一个由漂亮的曲线构成的字母"O"而没有棱角和僵硬，是很困难的。然而，我们为了强迫孩子们写一页又一页的直线和锐角付出了多少努力啊！是谁提出首先应该书写的必须是一条直线这一由来已久的观念的呢？为什么我们如此回避曲线和角呢？

让我们暂时抛开此类先入之见，以一种更简单的方式来进行。我们也许能够减少未来几代人在学习书写上所付出的努力。

有必要从竖直的笔画开始学习写字吗？片刻清晰而富有逻辑的思考就足以使我们回答"不"。孩子们在这样的练习中会痛苦不堪。最初的几步应该是最简单的，而上下的笔画是所做的所有运动中最难的之一。只有专业书法家才能够把这种笔画整齐地画满一页纸，而一个写字水平一般的人也只能画出一页大体上令人满意的笔画而已。的确，两点之间的直线是唯一的，而任何偏离这一方向的线都表明它不是直线。因此，画出这些无限多偏离方向的线比画出那一条直线要容易得多。

如果我们让一些成年人在黑板上画一条直线，他们会画出各种方向的直线，有的从这边开始，有的从那边开始，但几乎所有的人都能够把线画直。可是，如果我们要求他们从某一确定的点画一条特定方向的直线，那么他们起先表现出来的那种能力就会大打折扣，我们就会发现许多不规则或者错误。

在针对书写教学通常所采用的方法中，我们加入了限制，同时还要以一种特定的方式对书写方法做进一步的限制，而不像人的本能所促使每个人去做的那样。

因此，我们是在以一种有意识的最严格方式教孩子们开始本应是自发的书写行为。在最初的书写中，我们仍然要求笔画要保持平行，使孩子的任务变得很困难而且很单调，因为这一要求对那些不理解其含义的孩子来说是毫无用途的。

我曾经注意到法国的一些缺陷儿童在他们的笔记本上所画的竖直笔画，尽管一开始是直线的样子，但是最后却成了"C"的样子。这表明这些缺陷儿童相较于正常儿童来说缺乏坚持的能力，他们为模仿做出的努力在一点一点耗尽，一种自然的动作逐渐取代了强迫性或者是刺激性动作。因此，直线慢慢变成了曲线，越来越像字母"C"。这种现象之所以在正常儿童的练习本中没有出现过，是因为他们能够通过努力进行坚持，直到把一页练习写完，因此，就像经常发生的那样，这一现象把教学中的错误隐藏了起来。

但是，让我们来观察一下正常儿童自发的绘画过程。比如，当他们拿起树枝在花园里的沙地上画画的时候，我们从来没有看到过短直线，而是一些长而交织的曲线。

塞昆也观察到了这一现象——当他让他的学生画水平线的时候，水平线很快就变成了曲线。但他却把这种现象归因于对地平线的模仿。

认为竖直笔画是为写字母做准备，这看起来极其不合乎逻辑——字母是由曲线构成的，而我们却通过学会画直线来为之做准备。

"但是，"有的人也许会说，"许多字母当中确实有直线呀！"没错，但这也不是我们应该选择字母中的这种细节来作为初学书写练习的理由。我们可以用这种方法来分析字母符号，来找出字母中的直线和曲线，就像我们通过分析语句来找出语法规则一样。但我们说话时都是脱离语法规则的，那我们为什么不能在写字时脱离这种分析呢？

　　如果我们只有在学习了语法之后才能说话，那是多么悲哀呀！这就与要求我们在仰望天空中的繁星之前必须学习微积分是一样的。同样，如果我们认为在教一个智力发育迟缓儿童书写之前，就必须让他明白抽象的直线和几何，也是愚蠢的！

　　如果为了书写，我们必须对构成字母的各个部分进行分析，我们也真是太可怜了。事实上，我们所相信的为了书写而必定要付出的努力是一种纯粹虚假的努力，这种努力与书写无关，而是与教授书写的方法有关。

　　让我们暂时把各种教条都放在一边，也不考虑文化或者习惯。在此，我们没有兴趣了解人类是如何开始书写的，对于书写本身的起源也不感兴趣。让我们把经过长时间使用所得到的观念——学习书写必须要从画竖直笔画开始——放在一边，让我们像正在寻求的真理那样清楚而没有偏见吧。

　　"让我们观察一个正在书写的人，让我们去分析他在书写时的动作"，也就是书写当中的技术性操作。这会涉及书写的哲学研究，而且我们所要调查的是进行书写的个人，而不是书写本身；是主观而不是客观。许多人都从客观开始考察书写，并且许多方法是通过这一方式得以建立的。

但从个体开始的这种方法绝对是开创性的，与之前的许多方法有很大不同。这确实代表着建立在人类学基础上的书写方面的一个新时代。

事实上，在我对正常儿童进行试验时，如果我想给这种新的书写方法命名，在不知道实验结果的情况下，我会称它为"人类学方法"。当然，我在人类学方面的研究促成了这种方法，但我的经历使我想到了另外一个令人吃惊而在我看来又很自然的名称，即"自动书写法"。

在教缺陷儿童时，我偶然观察到这样一个事实：一个11岁的智力发育迟缓女孩，她的手拥有正常人的力气和运动神经能力，但却学不会缝纫，甚至学不会缝纫的第一步——织补，这包括把编织针从纬线上面穿到纬线下面，时而跨过几条线，时而留下几条线。

我让这个孩子编织福禄贝尔垫子，在此过程中，要让一张纸条横向穿过一列纵向纸条，这些纵向纸条的上下两端都是固定的。然后我就开始思考这两种练习之间的相似性，并对这个女孩的观察变得更有兴趣。当她对编织福禄贝尔垫子很熟练时，我让她再做缝纫，并且非常欣喜地发现她此时会织补了。从那时起，我们的缝纫课程就从编织福禄贝尔垫子开始了。

我看到手在缝纫中的一些必要动作不经过缝纫就能够做到，那么，我们在让孩子进行一项任务之前，就应该能找到教孩子如何做的方法。我特别注意到，通过反复的准备性练习，而不用通过任务本身，就能够进行准备性活动并形成一种机制。然后，孩子们就可以进行真正的任务了，即使是以前没有直接用手接触过，他们也能够完成这一作业。

我想也许我可以以这种方式为书写做准备，而且这一想法使我非常感兴趣。我惊奇于这种方法的简单性，同时为以前从未想到过这种通过对一个不会缝纫的小女孩的观察而得来的方法而深感懊恼。

事实上，我已经教给了孩子们如何去触摸平面几何嵌块的轮廓，而现在所要教给他们的仅仅是用手指去触摸字母的形状。

我让人制作了一些很漂亮的字母，都是流畅的手写体，小写的字母高8厘米，而大写的字母的高度相应增加。这些字母都是木质的，厚0.5厘米，元音被涂成了红色，辅音被涂上了蓝色的瓷釉。

这些字母的另一面没有上色，而是覆盖着黄铜，这样就会更加耐用。我们只有一套这种木质字母，但是却有许多卡片，其上画着与木质字母同样大小和颜色的字母。卡片上的字母是按照字母形状的对比性和相似性分组排列的。

相应于每个字母，我们都做了一幅图片，图片中是一些其名称以相应字母打头的物品。在这些图片的上方，相应的字母是很大的手写体，其旁边是这个字母的小得多的印刷体。这些图片为的是帮助孩子们记住字母的发音，而与手写体字母相对应的印刷体字母是为了有助于孩子们从认字母过渡到读书。这些图片确实并不是一种新观念，但构成了以前并不存在的一种新方法。

我的实验中有趣的部分是，在我向孩子们展示了如何把木质字母放到卡片上印的字母上之后，我让他们按一种流畅的书写方式反复触摸这些字母。

我以各种方式重复这些练习，孩子们因而不经过书写就学会了做出书写字母所需要的手部动作。

我被以前从未想到过的一个观念震惊了——在书写时，我们有两种不同形式的动作，除了写字母的动作之外，还有一种控制书写工具的动作。确实，当缺陷儿童能够很熟练地按照字母的形状来触摸所有的字母时，他们还不知道如何握笔。稳定地握住并控制一个小棒子是与获得一种特殊的独立于书写动作的肌肉机制相对应的，它在书写时必定会对写出各种形状的字母所需要的动作构成支持。

因而，这是一种必须与图形符号的运动神经记忆共存的截然不同的机制。我在让缺陷儿童用手指触摸字母以激发他们的书写动作时，是让他们锻炼了一种心理——运动神经的通路，并强化了对每个相对应字母与肌肉记忆的关系。对于尚未得到锻炼的把握和控制书写工具的肌肉机制，我是通过在前面描述的阶段之后再加上两个阶段来激发的。在第二阶段，孩子不仅用右手的食指触摸字母，还同时使用食指和中指去触摸。在第三阶段，孩子用一根小木棍来接触字母，就像握笔那样拿着这根木棍。我真正的意思是让孩子重复这一动作，时而握着书写工具，时而不用握。

我说过孩子的目光会追随着字母轮廓移动。尽管孩子的手指通过触摸几何图形的轮廓已经得到了锻炼，但这种锻炼并不总是一种充分的准备。的确，即使是我们成年人在透过玻璃或薄纸描摹图案时，也不能完美地追寻我们看到的线条并画下来。为了准确地描摹出实际上只有眼睛能够感觉得到的轮廓变化，应该设计一些控制和指引装置。

因此，缺陷儿童无论是用手指还是木棍，都不能总是很准确地描摹图案。在这项练习中，教学用具没有提供任何控制，或者说仅仅是通过孩子们的一瞥——只是看一看手指是否仍然在图案上——提供了不确定的控制。我此时想，为了让学生们更准确地进行练习，同时为了更加直接地提供指引，我应该让所有的字母都带上沟槽，这样就可以让小木棍在里面行走了。我设计了这种器具，但是由于造价太昂贵我没能实现我的计划。

在用这种方法进行了大量试验之后，我在国家心理矫正学校给教学法班的人们作了详细介绍。尽管有超过 200 名小学教师已经采用了这些讲义，但他们没有从中获得一点有帮助的观念。费拉里拿教授在一篇文章中对此表示惊奇。

此时，我们拿出了一些上面印有红色元音字母的卡片。孩子们看着这些不规则的红色图形。我们还把红色的木质元音字母拿给孩子，并让他把这些木质字母叠加到卡片上的字母上。我们让孩子以书写的方式触摸木质元音字母，并把每个字母的名称告诉他。元音字母是根据形状类比排列在卡片上的：

o   e   a

i   u

然后，我们对孩子说，比如"找到 O，把它放到相应的位置"，然后说"这个字母是什么"。我们发现，如果只看字母的话，许多孩子都会犯错误。

然而，他们却能够通过触摸来说出字母。这是最有趣的一个发现，揭示了不同的个体类型——视觉型和运动神经型。

我们让孩子触摸画在纸片上的字母——一开始只用食指，然后用食指和中指——最后是手中像握笔一样拿着一根小木棒。必须用写字时的方式来描画字母。辅音字母是蓝色的，并根据形状类比排列在卡片上。这些卡片都附有一个蓝色木质字母，让孩子把这些木质辅音字母叠加到卡片上的相应字母上。另外，这套教学用具还包括另一套卡片——在辅音的旁边还印着一或两个其名称以这个字母开头的物体的图形。在手写体字母旁边，是一个颜色相同但小一些的印刷体字母。

我们根据发音方法读出这些辅音，先指着字母，然后指向卡片，读出印在卡片上的物体的名称，并要强调第一个字母，比如"p—pear：给我辅音 p，把它放在相应的位置上，触摸它"等。我们就用这种方法对孩子们的语言缺陷进行了研究。

以写字的方式来描画字母，就开始了为书写做准备的肌肉练习。受过这种方法教育的一个小女孩已经用笔写出了所有字母，尽管她还不能全部认出来。她把这些字母写成 8 厘米高，并且非常规则。她的手工也非常好。以书写方式来看、识别并触摸字母的孩子就同时为阅读和书写做着准备。

在触摸字母的同时看字母，就能通过感觉官能的协作更快地强化对字母的印象。这两类动作在后来发生了分离，看变成了阅读，触摸变成了书写。根据个人的类型不同，有的人先学会阅读，有的人先学会书写。

我大约是在 1899 年发明了现在仍在使用的阅读和书写的基本方法。有一次，我给一名缺陷儿童一支粉笔，他竟然在黑板上写出了字母表中的全部字母，要知道这可是他的第一次！这种能力让我深感惊讶。

书写的实现比我预想的快得多。正如我所说的那样，有的孩子能够用铅笔写出字母，尽管他们可能一个也不认识。另外我也注意到在正常儿童当中，肌肉感觉在婴儿时期最容易发展，这使得书写对孩子来说非常容易。而对阅读来说则并非如此，阅读需要长时间的教育，需要更高等级的智力发展，因为阅读需要是对有关符号进行解释，需要嗓音的变化调整，这些工作目的在于理解话语，所有这些都是纯粹智力性的工作。在书写时，孩子们在教学法的引导下，将声音转变成符号，同时进行手部活动，这对他来说是一件容易而愉快的事情。儿童书写能力的发展总是伴随着简便性和自觉性，口头语言的发展也一样。口头语言的发展是一种声音的听觉运动神经型转换。相反，阅读部分却关系到抽象智力文化，它是对来自符号象征系统的概念所作的解释，只有在儿童期之后才能获得。

针对正常儿童的第一次实验始于1907年11月上旬。在圣洛伦佐的两所"儿童之家"，我从孩子们入学之日起（一部分孩子是1月6日，另一部分是3月7日）就只使用实际生活以及感觉训练游戏。我并没有让他们进行书写练习，因为，我像其他所有人一样，认为应当尽可能地推迟这种练习，就像教授阅读和书写一样，应该在6岁以前避免。然而孩子们似乎需要总结这些练习，因为这些练习已经使他们以某种令人吃惊的方式获得了智力发展。他们知道如何穿衣服、脱衣服，如何洗澡；知道如何扫地，给家具除尘，将房间收拾整齐；知道如何打开或关上盒子，照顾花草；知道如何观察事物；如何用手去"看"东西等。他们中的许多人跑到我这里来，直接要求学习阅读和书写，即使是在被拒绝之后，仍旧有孩子来到学校骄傲地表示他们知道如何在黑板上写出"O"。

最后，许多孩子的母亲来到学校请求我们教孩子们书写，说："在'儿童之家'里孩子们的心智被唤醒了，他们非常容易地就学会了那么多东西，如果你们教他们阅读和书写的话，他们也一定很快就能学会，并且能够节省下需要在小学中为学习书写和阅读所付出的努力。"母亲们的这种信念——认为孩子可以从我们这里不费力气地学会书写和阅读——给我留下了十分深刻的印象。考虑到我在缺陷儿童学校里所取得的成果，我在8月份假期期间决定在学校9月份开学时进行一次实验。经过重新考虑之后，我决定最好在9月份继续我们被假期中断的工作，而在小学10月份开学之前不进行书写和阅读的任何教学。这还有一些额外的优点，使我们可以把小学的孩子取得的进步与我们这里同时进行同样指导的孩子进行比较。

因此，我在9月份开始寻找能为我们制作教具的人，但却没有人愿意做。我希望能有一套精美的字母，像在缺陷儿童学校里所使用的那样。后来我打消了这个念头，但我对在商店橱窗上使用的普通釉质字母感到很满意，可是我到处都找不到这些字母的手写体形式。这让我很失望。

10月份过得真快！小学里的孩子已经画了许多篇垂线，而我们还在等待着，这时我决定去掉大个的纸质字母。我想到可以用砂纸剪出这些字母，因为孩子们要触摸这些字母。把剪出的字母粘在光滑的卡片上，这样它们就更接近那些用于触觉练习的基本训练用具了。

我在制作完成了这些简单的用具后，才注意到这些字母与原来那些为缺陷儿童所设计的大号字母相比所具有的优势。而我却在那些大字母上浪费了两个月！如果我很有钱的话，就会拥有那些漂亮但是却无用的字母了——我们总是喜欢一些旧的东西，却不理解新的东西，我们总是寻求衰落了的事物的美，而认识不到在新观念的简约之中会萌发出我们的未来。最终，我发现纸质字母非常容易制作，并且可以让许多孩子同时使用，它们不但可以用来认识字母，而且可以用来组合单词。在使用砂纸字母进行触摸的时候，我发现了孩子们手指的寻找动作。这样，不单是视觉，而且还包括触觉，都可以直接用来帮助教授书写的准确性。

　　一天下午放学后，我和两位老师开始用书写纸剪字母，其他老师用砂纸剪。第一步，我们把字母涂成蓝色；第二步，把它们粘在卡片上。当我们工作时，关于这种方法的一幅全面而清晰的画面出现在我的头脑中，这种方法是如此简单，以致当我想到以前从未意识到这种方法时就忍俊不禁了。

　　我们的第一次尝试非常有趣。有一天，一位老师病了，我让我的一位学生——师范学校的教学法教授安娜·费德莉——去代课。在那天结束时，我去看她，她给我看了她对这套字母所做的两个改动。其中一个是在每个字母的后面横穿了一张白纸条，这样学生就能够认出字母的方向，因为学生经常会把字母颠倒。另外一个改动是做了一个纸板盒，这样就可以从每个字母所属的小格子里将它取出来，而不像以前那样堆在一起。一直到现在，我仍然保存着这个由旧纸板盒做成的盒子，这是费德莉在院子里找到的，她还用白线缝了几针。通过触摸学习写字和阅读。左边的孩子正在描画砂纸字母，学习通过触摸来认识字母。中间的男孩和女孩正在用纸板字母组词。

费德莉笑着把这些给我看，说这是她的拙作，但我却表现出极大的兴趣。我立刻就发现装在盒子里面的字母对教学是一个非常实用的帮助。的确，它可以让孩子们用眼睛比较所有的字母，并选择自己所需要的字母。这里需要强调一点，圣诞之后的半个月到一个月期间，普通学校一年级的孩子们还在努力地忘记那些恼人的直钩直线并未学写"O"及其他元音字母的时候，我的两个只有4岁的学生就以他们的每个同伴的名义给西格诺·爱多阿多·塔拉莫先生写去表达祝福和感谢的信了。这些祝福和感谢是写在便笺上的，没有任何污点和涂改，这相当于小学三年级学生的水平。

教育的效果可以从孩子们举止的优雅上体现出来，可以非常肯定地说，这个练习能够培养孩子的社会精神，培养孩子与他人合作的意识，克制能力也会由此得到增强。

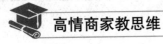**高情商家教思维**

1. 如何通过孩子喜欢的运动来培养孩子的领悟能力？

_____

_____

_____

2. 对于秩序，你的孩子都有哪些"特殊"的表现？

_____

_____

_____

3. 找一处舒适的环境，和孩子一起来一堂宁静训练课。

_____

_____

_____

4. 怎样看待儿童无目的性的活动？这些活动对孩子的成长有什么
   作用？

_____

_____

_____

_____

学会尊重生命

即使一个成人确实爱他的孩子，但他的内心依然会有一种自我保护的本能。当儿童长大到能够独立行动的时候，他与成人之间的矛盾也就开始了。

怎样认识儿童

我们前面讲了那么多，无非就是围绕着一个重要话题展开论述：儿童的内心世界微妙至极，我们成年人至今还没有注意到这个方面，以致不经意间就会破坏他们的发展。很显然，成人的环境并不适合儿童，这是儿童发展的真正障碍。这些阻碍是出于对儿童的防御而设立的，它使儿童的性格变得古怪，容易被成人的暗示所摆布。

儿童心理学作为一门非常重要的课程，并没有针对儿童的特性来进行研究，而是一直从成人的角度进行研究。因此，从根本上重新审视它们的结论是十分必要的。我们常常看到，儿童每一个不寻常的反应，都可以作为一个有待解决的问题来研究，每一次儿童的愤怒都是内心思想冲突的外部表现，简单地说成是对不相容的环境的一种防御机制是解释不通的，我们应该得出他们寻求展示更高的品质的结论。

发脾气就像是大暴雨之前的电闪雷鸣，它往往预示着儿童内心的愤怒，而这种愤怒是由于自己的发展受到了阻碍。现在，我们把儿童内心的秘密全部曝光了，儿童真实的心灵已经被隐藏了太久。儿童不能展示他的真正个性，自我实现的努力被发脾气、反抗等反常表现掩盖了。他的个性是由许多特性构成的。个性藏在这些互相矛盾的外部表现背后，它应该是从一个精确心理发展模式发展起来的个体精神胚胎。一个尚未被认识的儿童，是一个充满活力的、被隐藏在这些表面现象背后的人，毫无疑问，他必须获得自由。教育所面临的最紧迫的任务，就是去深入了解儿童，从所有的障碍中解放儿童。自由意味着能去发现未知的东西，自由意味着一个人知道自己可以做什么就大胆地去做。

有人会说，现在难道还没有有关儿童心理分析的研究和分析吗？但是我要说，那有着本质的区别。成人的秘密是自我约束的藏在潜意识中的某种东西，而儿童的秘密几乎暴露在他的环境中。帮助一个成人就像帮助他解开在漫长的时期中形成的一团心理乱麻，帮助一个儿童就必须给他提供一个自由发展的环境。

我们应该完全为了儿童的发展打开心窗，给他足够的自我创造空间。他们正处于从不存在到存在、从潜在性到实际性的过程中。儿童在这个过程中不可能是复杂的。儿童的能力日益增强，就用不着艰难地展现自我。在一个自由的环境中，儿童的心灵在自然发展的情况下会把秘密自动地揭开。脱离这条原则，所有的教育都会更深地陷入一种无穷的混乱之中。

新式教育的首要任务便是发现儿童，彻底解放他们，其次是根据特定需要适当改变环境和生活方式，最后是给日趋成熟的儿童提供必不可少的帮助。也就是说，我们必须给予儿童发展过程中所必需的成长环境，尽可能地将所有的障碍物拿开，为他们的自由发展提供帮助。成人既然也包含在环境之中，就必须要遵循这个环境中的原则，努力适应有儿童的环境。成人不要越俎代庖，要给予孩子自由发展的空间，不要"好心"去帮他，其实那是害了他。

替代性人格

成人往往喜欢以权威来代替孩子的活动，甚至代替他们思考。这种将自己的意志强加给孩子的行为，实在是荒谬。比如一位父亲年轻时没有考上某名牌大学，他就要求儿子或女儿一定要报考这所大学，从来不管孩子是否像自己一样喜欢那所学校。总之，孩子们完全处于弱势，没有什么决定权。

儿童在童年期处于一种创造性特别容易受到暗示的状态，因为他开始意识到自我时正处于一个个性形成的阶段。成人的人格能够在这个时期悄悄地潜入儿童之中，用自己的意志激发儿童的意志，并使其产生变化。

成人必须学会控制自己的行为，在对待孩子方面，体现为不干涉孩子的举动，同时在生活方式上，减少乃至取消强制性措施，避免粗暴的命令、呵斥甚至暴力威胁，而是要以和蔼的态度加以引导。显而易见，这样的态度是许多家长知道的，但他们并不见得就理解了其深刻的内涵。实际上，这跟儿童的发育和心理密切相关。

不难发现的一个情况是，当儿童长大到能够独立行动的时候，他与成人之间的矛盾也就开始了。当然，没有一个人能够完全控制儿童的视听，进而征服他的世界。但是当儿童开始独立行动、走路、触摸各种东西时，情况就尤其明显了。即使一个成人确实爱他的孩子，但他的内心仍然会有一种自我保护的本能。正在成长的儿童与成年人各自不同的心态的确差别很大，如果双方不做些调整，他们就无法和谐地生活在一起。我们不难看到，这些调整是对儿童不利的，儿童弱小无力，只好任人摆布。儿童的行为如果与成人的需要不一致，就会不可避免地遭到限制。尤其是当成人没有意识到自己的自我保护心态时，他们反而会相信自己确实给了孩子深厚的爱和奉献。

　　但是，成人的这种无意识的自我保护，并不是以它的真实面目表现出来的。成人具有一种贪婪的心态，这使他小心翼翼地保护自己拥有的任何东西。然而这种贪婪却被"有责任正确地教育儿童"的信条掩饰起来了。成人害怕儿童打扰他的安宁，就找来一个借口："为了保证儿童的健康，应该让他多睡些。"

　　成人会心安理得地说："儿童不应该到处乱走。他不应该碰不属于他的东西。他不应该大声说话或叫嚷。他应该多躺一会儿……"这个发号施令的人似乎不是家庭一员，对孩子也没有特殊的爱。那些懒惰的父母会选择最省力的方法，他们干脆打发自己的孩子去睡觉。

　　谁会在让孩子睡觉这一点上犹豫不决呢？但是，如果一个儿童是那么机灵和那么快地服从了，从本质上来看，他应该不是一个"睡眠者"。当然，他需要也应该得到正常的睡眠时间，但必须区分什么是适宜的睡眠，什么是人为强制的睡眠。一个强者可以通过暗示把自己的意志强加给弱者。一个成人如果强迫儿童超时睡眠，他就是在通过暗示的力量，无意识地把自己的意志强加给儿童。

成年人，不论他们是有学问的或没有学问的父母，还是照顾婴儿的保姆，都联合起来促使这个充满生气的、活跃的婴儿去睡觉。在富有的家庭里，甚至2岁、3岁或4岁的儿童都要被责令过量睡眠。然而贫困家庭的孩子却不是这样，他们整天在街上跑，没人让他们去睡觉，因为他们并不是母亲厌烦的根源。通常情况下，这些贫穷家庭的孩子，比富家子弟要更平和一些。

能够给予儿童心理发展的一个最大帮助，就是给他一张满足他需要的床，以及不让他的睡眠超过必要的时间。只有当他困了、累了的时候，才让他去睡觉。当他睡够了时就醒来，想起床时就爬起来。

像所有有助于儿童心理生活的新东西一样，一张矮床是非常经济的。儿童需要的是简单的东西，复杂的东西往往更容易阻碍儿童的发展。许多家庭常把小床垫铺在地板上，上面再盖一条大毯子，由此改变了儿童的睡眠习惯。这样，一到晚上儿童就可以自己高兴地去睡觉，早晨起床也不会打扰任何人。

成人错误地将自己的意愿强加给儿童，并在照顾儿童方面费力不讨好。实际上，由于他们自我保护的本能，使他们违背了儿童的需要。其实，这种本能是可以轻易克服的。因此，成人应该努力去理解儿童的需要，这样就可以给他们提供一个适宜的生长环境，使他们得到满足。成人不应该把儿童当作没有生命力的物体，不应该在他小的时候随意支配他，在他长大以后又让他唯命是从。成人必须确信在儿童的发展方面，他们只能起一个次要的作用。他们必须努力地了解儿童，这样才能适当地帮助他们。由于儿童要比成人弱小得多，如果儿童要发展自己的个性，那么成人就必须控制自己，倾听孩子的心声。

教育有哪些原则

教育应该通过什么手段才能更好地实现呢？下面我将通过对某些事情和印象的简单描述，来阐明自己的观点。

我们通常所看到的只是儿童而非方法，通过对比就会发现，那些没有障碍物约束的儿童内心十分敞亮，他们能够按照本性而活动。我们前面所列举的那些童年期特征全是属于儿童生活的，它们根本不是任何"教育方法"的产物，就如鸟的羽毛、花朵的芳香一样。

可是，儿童的自然特性也会在某种意义上受到教育的影响，因为教育要做的就是帮助儿童发展或成长，用自然发展的方式去培养儿童。这有点类似于花园里的园丁，只不过他们培育的是植物，我们培育的是活生生的人。

"儿童之家"的种种现象表现了儿童的某些天赋的心理特征，这些心理特征不像植物的生理特征那么明显。儿童的心理生活是非常善变的，所以他的某些特征若不是在固定的某种环境中，就会消失殆尽，还有可能被别的东西所取代。所以，在探讨教育理论之前，我们要先创造一个能促进儿童天赋正常发展的适宜环境。为了实现这一目标，首要的就是消除障碍物，这是教育的基础和出发点。我们要做的不仅仅是发展儿童的现有特征，还应当去积极发现儿童的本性。只有如此，才能促进儿童的正常发展。

在所有能够促进儿童发展的措施中，首要条件就是布置一个相对舒适的环境，这是重中之重。这个环境不一定要金碧辉煌、奢华至极，但一定要住着舒服，儿童在里面不会感到压抑。那些家庭条件不好的儿童，定然会喜欢上他们的新环境——洁白整齐的教室，那些为他们特制的小桌子、小板凳或者小型生活用具，以及院子里每个角落都能感受到的暖暖阳光。

至于第二个条件，则在于成人所起的作用是否积极。尽管儿童的父母没有什么文化，但我们的老师绝对不会轻慢家长，不会带着一股傲慢与偏见，这就产生了一种"理智的沉静"。人们早就认识到教师必须沉静，但是这种沉静常常被视为一种性格和神经质。然而，那种更深沉的沉静是指一种没有杂念的、更好的和畅通无阻的状态，它是内心清澈与思考自由的源泉。构成这种沉静的要素是心灵的谦虚和理智的纯洁，它是理解儿童所不可或缺的条件。因此，教师准备活动的最必要的部分就是获得这种沉静。

最后一个重要条件就是给儿童提供针对性的感官训练。这种训练的教具要有吸引力，能够引起儿童的极大兴趣。儿童被这些可以感知的东西吸引，并对他们逐一分析和研究。这些教材还可以帮助他们训练注意力的集中，注意力仅仅靠老师耳提面命是不够的，因为起决定作用的是内因，外部力量很难奏效。

　　适宜的环境、谦和的教师外加丰富的教具，这是我们教育方法的三个外部特征。现在，我们就去发现儿童各异的表现方式吧。连续的活动就像是一根魔法棒，能够叩开儿童心灵上的大门，这样就能更好地展现儿童自我发展的天赋。这种活动要求将受心理指导的手的运动专注于一项简单的工作上。儿童特征的发展显然来自某种内在的冲动，像"重复练习"和"自由选择"这样的活动是儿童乐于进行的。我们发现，一个儿童会不知疲倦地从事他的工作，因为他的活动就如一种心理的新陈代谢，而这种新陈代谢与他的生命和发展是息息相关的，儿童自己的选择将成为他的指导原则。他热情地对诸如安静一类的练习做出反应，他喜爱那些能导向荣誉与正义的课程，他急切地想学会使用那些能发展他的心灵的工具。然而，他厌恶诸如奖品、玩具和糖果之类的东西。向我们表现出秩序和纪律也是他所关心和需要的。但他仍是一个真正的儿童，充满活力、真诚、欢乐、可爱；高兴时会叫喊着，拍着手，到处奔跑；喜欢大声迎接客人，反复感谢，以呼唤和追随来表示激动；他友好，喜欢看到的东西，并使一切适合自己。

　　我们不妨列出一张表来，这样儿童自己喜欢的东西和他所抵制的东西就会一目了然。我们也许能够从这个方法之中寻觅到教育方法的端倪。总之，儿童本身已经对教育方法的构建提供了切实可行、清晰明确的轮廓。儿童自然本性能够自觉地遵循这种原则的指导，他们会本能地规避错误的原则。

第一项 儿童喜欢的东西	个人工作　　　重复练习 自由选择　　　控制错误 运动分析　　　安静练习 社会交往的良好行为 环境秩序　　　个人整洁 感官训练　　　书写和阅读 复述　　　　　自由活动
第二项 儿童抵制的东西	奖励和惩罚 拼字课本 玩具和糖果 教师的讲台

　　认识到这一个点，那么这些原则就会在教育方法的构建过程中始终处于核心地位，实在让人惊叹不已。如果你熟悉脊椎动物的胚胎的话，就一定能想象到：在这种胚胎之中，我们能看到一条将来的脊椎柱的模糊线。在这条线的内部有一些点，它们慢慢地发展成互不相连的椎骨。为什么要说这个话题呢？我发现这种胚胎分成了头部、胸部和腹部三部分，和我们的教育三大原则差不多。它具有一些将会如脊椎一样渐变的特征。这种整体也包括三部分，即环境、教师及教具。

　　如果对这种基本轮廓的演变步步紧跟的话，你会发现这是一个非常有趣的过程。人类社会最初的工作是受儿童指导的，这表明了这些原则起初表现为一些人从未料到的新发现。这种特殊的教育方法不断发展最好被看成是一种演变，因为其中的新东西来自生命本身，而生命的发展是依靠它的环境。儿童成长的环境就成了某种特殊的东西，虽然它是由成人提供的，但在本质上却是一种与儿童生命发展所展现出的新模式的积极互动。

这种新式的教育方法，很快就得到了广泛应用，这也给我们提供了大量丰富的素材，这使我们能够发现其中共同的特征和趋势。所以说，自然规律是构成教育的基本因素。

关于儿童的自尊

我们应该更加了解孩子的人格。不论教养的是新生儿还是年龄大一点的孩子，教育者的首要责任是察觉孩子的人格，并予以尊重。当我们因为怕孩子吵而不让孩子和我们在一起时，我们所表现出来的就是对孩子的不够尊重。

举个例子，如果我们正在吃晚餐，孩子此时却在另一个房间里哭哭啼啼，他为何会哭？那是因为他被单独隔离在外，而我们对成人显然就不会用这么不尊重的态度把他一个人关在房里。就像对待任何其他人一样，我们应该觉得孩子能和我们坐在一起吃饭是我们的"荣幸"；我们应该乐于见到孩子，并让孩子和我们接近。

有一些人相信，让孩子在成人的吃饭时间吃成人吃的食物，对孩子的健康不利，但我们实在不必太担心这个问题。重要的是，如果我们忽视了孩子，我们就伤害了孩子，而我们却常常未向孩子致歉。

对儿童来说，擤鼻子并不是易事，由于他们屡屡遭成人责备，所以他们在这一点上十分敏感。孩子们听到的叫嚷和辱骂强烈地刺伤了他们的感情。更让他们觉得难堪的是，在学校里穿戴整齐后，还要把手帕别在引人注目的围兜上，以免手帕丢失。但很少有人真正教他们怎样擤鼻涕，一旦有人这样做时，孩子们便感受到了从前受的羞辱得到了补偿。他们得到了公正的对待，而且也使他们获得了新的地位。

长期的经验表明，事实的确如此，儿童是有着一种强烈的个人尊严感的。通常，由于成人没有意识到这一点，便使儿童很容易受到伤害和遭到压抑。而要在孩子与成人之间建立一种和谐的关系，作为强势一方的成人，就必须首先去尊重孩子，深入了解孩子的真正需要。具体说就是，父母、长辈或教师与孩子的关系应是互相尊重，时时想到对方的愿望。因此当遇到某个问题时，例如在家庭内部出现的问题，不论是做出什么行动，都应当征求孩子的意见。作为父母或教师，不仅仅是努力做一个有道德的人，更要消除使孩子对他感到不可思议的那些无形的阻力。如果成人对于孩子的要求违反了他们内部发展的不可改变的规律，孩子就不可能服从。孩子的顽皮和不服从往往就是由于他建构自己的内部力量和对与成人规则不理解的矛盾造成的。

可以说，孩子的最大障碍正是成人的权威和骄傲。孩子虽然还意识不到这种不公平，但他会感觉到精神上受到压制，从而给孩子的个性和心理发展造成影响。假如成人能做到尊重和了解孩子，不粗暴地拒绝孩子的请求，并从他们心理发展的规律中得到启示，便会知道孩子的心理和成人的心理是完全不同的。

睡眠问题

当小孩能独立行动时，他与大人的矛盾就开始了。不过由于孩子弱小，大多时候都任凭大人摆布。大人具有一种贪婪的本性，他们习惯于小心保护自己的私有财产，不允许孩子破坏任何东西。而且，他们讨厌孩子打扰他们做自己手头的事情，于是就找来借口：为了健康，小孩应该多睡觉！然后，打着为孩子健康着想的旗号，强行把孩子按在床上，让他多睡觉。

在现实生活中，我们总可以看到这样的景象——某些没有受到太多教育的农村妇女，为了不让孩子扰乱自己，就会对玩闹的孩子大骂，把他从家里轰赶到野外去。孩子大哭着离家出走；然而，等孩子回来后，又把他拥在怀里热烈亲吻。这样一来，孩子被搞糊涂了，他不知道自己怎样做才是对的，也不知道父母对待自己究竟是怎样一个态度。

城市里的父母对待孩子的情况似乎好了很多，然而事实上真的如此吗？他们总是习惯花钱请保姆，把孩子放心托付，让保姆带着孩子去散步，或想尽一切办法哄骗他们在床上酣睡。孩子真

178

的需要这么多的睡眠吗？对他来说，太多的睡眠是一种浪费，浪费了他们锻炼和开发智力的时间。

父母就是这样只看到了孩子的身体需要，让他们吃喝和睡觉，他们总认为孩子不应该到处乱走，不应该碰房间里的任何东西，就应该做一个听话和服从的睡眠者，仿佛孩子一觉醒来，身体就可以突然间长高，大脑也会变得更聪明。他们都忽视了孩子更重要的心理需要。

我们要分辨出什么是应当的睡眠，什么是人为强制的睡眠。如果一个大人总是习惯强迫孩子超时睡眠，那他就是将自己的意愿强加在了孩子身上。这会在一定程度上对孩子的心理造成看不见的创伤。

不管是父母还是保姆，他们总是想让本来活蹦乱跳的孩子睡觉，不管是穷人还是富人家庭，这种现象都普遍存在。相对而言，由于穷人的孩子很少受管制，像野孩子一样到处乱跑，比富人家孩子的情况要好一些。

我曾接触过一个6岁左右的富人家的孩子，他伤心地告诉我，自己从来没有看见过星星。我问他是什么原因，他说因为爸爸妈妈总是让他天一黑就上床睡觉。正因如此，他每一次都错过了看星星的时间。他给我说了他内心的一个愿望——想在夜晚的时候，爬到山上最高的地方，躺在那里，安静地看整整一夜的星星。

这个孩子真是太可怜了，看星星竟然成了他不可企及的奢望。这对他认识世界的活动，是怎样的一种限制和阻拦。很难预见，这种限制将对他未来的能力造成多大的障碍。正因如此，床成了孩子最大的痛苦。每一次入睡都要发生一次争执和战斗，而最后都是以他们屈服而告终。事实上，床应该成为孩子快乐的园地，我们应该考虑到孩子的心理需要，什么样的床才是最适合他们的？提供一张他需要的床，是对孩子心理发展的重要帮助。这种床不要像成人的床那样高，是一张低矮的床，不需要有花边，不需要华丽的装饰、披挂，他要的是最简单的东西——自己控制入睡和起床的时间。这样一来，当他困了、疲倦了，自然就会想到睡觉；等睡够了，就自然醒来，可以随心所欲地在床上玩，或者起来到处活动。要知道活动就是他们的工作，对他们的智力开发和心理成长有着重要作用。

我们要理解和倾听孩子内心的需求，提供他们所需要的成长环境，使他们的需要得到满足。只要给予适当的帮助并提供合适的环境，孩子可以自行发展自己的个性，靠自己的努力成长为一个有能力的人。

孩子如何迈出人生第一步

从运动的角度看，行走实际上是一种全方位的锻炼。它能改善人的呼吸，并且各个器官也都会参与进来，从而促进人的整体发展。对于孩子来说，行走是很自然的需求，是成长中必须学会的一种基本能力。这种能力的重要性不亚于运用双手。

儿童掌握行走的能力，靠的不是等待行走能力的降临，而是通过学习获得的。尽管人像其他动物一样有肢体，但人必须用两肢而不是四肢来行走。人走路时，先用一条腿支撑着自己，然后再换另一条腿支撑。动物是本能地学会行走，而人类是通过努力才学会。

幼儿的第一步是对自然界的一种征服，它通常标志着幼儿从1岁进入2岁。学会行走，对儿童来说几乎是第二次出生，正是因为行走，儿童从一个不能自助的人变成了一个积极主动的人。成功迈出第一步，是儿童正常发展的主要标志之一。但在这之后，幼儿仍需反复实践，因为取得平衡和稳健的步伐，是持续努力的结果。

通过观察可以发现，当孩子学习行走时，他们似乎受到某种不可抑制的冲动所驱使。他们勇敢无畏，甚至在尝试中有点莽撞，不管遇到什么困难，他们都试着迈出步伐。可以说，喜欢行走和到处跑动是儿童的天性。

然而，尽管父母确实盼望着看到孩子迈出的第一步，但孩子追求目标的这种强烈渴望，使成人用防护设施把他们围了起来。这样，便无疑成了抑制孩子行走的障碍物。即使孩子的腿已经强健有力，父母有时候也把孩子关在学步栏或婴儿车内练习走路。当成人带孩子外出时，即使他能够走路了，成人仍把他放在手推车里。如此一来，虽然孩子的安全得到了保障，他内在精神的发展却被抑制。

实际上，孩子的行走冲动绝不是偶然的。他们是在自我的指导下对这种有组织的运动建立协调性。依靠无数的协调经验，儿童的自我用他们正在发展的精神协调、组织和统一了他们的表达器官。因此，孩子必须自由地决定和完成行为。

有些父母似乎不明白这一点。有一位母亲在小孩一次学习行走的过程中发了脾气。她的孩子刚开始学走路，但她一看到梯子，就会尖叫起来，当有人抱她登上楼梯或下楼梯，她就几乎激动得发疯，这种现象似乎不可理解。只要把这个小孩抱上或抱下，她就眼泪汪汪，她母亲认为这种心理紊乱可能仅仅是一种巧合。事实上，这孩子并非如她母亲所想，她只不过是想靠自己的能力爬楼梯。

成人认为儿童不能走很远的路，但1～2岁的孩子能走上2公里的路。曾经有一对夫妇，其最小的孩子1岁半。夏季的时候，他们为了去海边，必须走大约 1 公里，陡峭的下坡路使手推车或马车都无法通行，年轻的夫妇想带孩子一起去，但他们发现将孩子抱在怀里太累了。最后，小孩自己解决了这个问题，他时而走路，时而奔跑，并走完了整个路程。他还不时地停下来，站在花旁，或坐在草地上，或站着看一些动物。一次，他站在那里看田野里的一头驴子，足足看了 15 分钟。每天，这个小孩都自己缓慢地走过这条漫长而又坎坷的路，却没有疲倦感。

儿童的腿没有成年人的长，他们往往就不得不向那些不肯放慢脚步的成人妥协。即使把小孩带出去的是他的保姆，也是儿童去适应保姆，而不是保姆适应儿童。保姆会以自己的速度径直走向户外的目的地，小孩被放在手推车里，仿佛推的是装满蔬菜的小推车。只有到了公园以后，她才让小孩从手推车里出来，让孩子在草地上走动，她则坐在一边两眼始终注视着他。这个保姆所做的一切仅仅是为了避免发生意外。但当我们了解了儿童的需要之后，我们就既不要求他们跟上我们，也不会像这名保姆那样，把孩子"困"在小推车里。

儿童天生喜欢行走和到处跑动。在幼儿园里，滑梯上总是挤满了儿童，他们登上登下、爬来爬去，而那些生活在闹市区的穷孩子，则能在街上跑来跑去，毫不费力地躲开车辆。尽管这是危险的，但他们却不会由于羞怯变得迟钝，甚至变得懒散。

人类能够站起来需要经历四个阶段。第一个阶段是坐起来。第二个阶段是翻身，然后爬行。如果在这一阶段幼儿抓住成人的指头，他就会试着用脚来走路，但仅仅是脚尖接触地面。然后是能够独自站立，并且整个脚掌着地，完成人的正常站立姿势。不久之后，他就会达到第四个阶段，不需要别人的帮助自己走路了。所有这些都反映了儿童的内部成熟过程。

当儿童学会了行走，在这方面他便取得了独立，如同新生儿一般。独立的意义就是自己能够做事情。给予孩子独立发展的空间，儿童就能少受外在力量的抑制，从而更快地发展自身，其内在需要也更容易得到满足。这一观点对于成人是一项最重要的指导。虽然帮助儿童是成人的一种习惯，这种习惯往往是来自对儿童的怜爱，但它并不利于儿童的独立。

不要向儿童提供过多的、不必要的帮助。如果儿童想自己独立行走，我们必须允许他们，因为所有的发展力量都必须通过实践才能得到发挥，在具备了基本能力之后仍然需要实践的帮助。如果一个儿童长到 3 岁时我们还把他抱在怀里，他的发展就一定会受到限制。如果已经达到了真正的独立，成年人的帮助只会成为障碍。

当儿童手的技能和腿保持平衡的能力联合起来后，他们不仅仅要求走路，还要走很长的路。儿童还喜欢攀爬，喜欢抓住某样东西走向高处。这些活动无疑都锻炼了孩子的力量和协调性。当儿童已经能够走路，身体不再摇晃，并形成了一定的节奏之后，儿童的信心也会自然地生成，此时的他们，便成了自我的征服者和胜利者。他们可以独自行动，而不再完全听任成人的摆布了。因而他们可以通过行走去拓展自己的世界，结交玩伴，做游戏，去往更多的地方，发现新奇的事物……这一切，都是为了满足他们成长过程中强烈的内在需求。

　　不论教养的是新生儿还是年龄大一点的孩子，教育者的首要责任是察觉孩子的人格，并予以尊重。当我们因为怕孩子吵而不让孩子和我们在一起时，我们所表现出来的就是对孩子的不够尊重。对儿童来说，擤鼻子并不是易事，让他们觉得难堪的是，在学校里穿戴整齐后，还要把手帕别在引人注目的围兜上，以免手帕丢失。

高情商家教思维

1. 如何处理成人与儿童之间常见的一些矛盾？粗暴地命令、呵斥，甚至与暴力威胁，还是以和蔼的态度加以引导？

_____

_____

_____

2. 列举一下自己孩子喜欢的事情和抵制的事情？

_____

_____

_____

3. 为什么说成人的权威和骄傲是孩子自尊的最大障碍？

_____

_____

_____

4. 你是如何帮助孩子迈出人生的第一步的？

_____

_____

_____

5. 本书对你的帮助都有哪些？

_____

_____

_____

_____